LOCUS

LOCUS

LOCUS

LOCUS

catch

catch your eyes ; catch your heart ; catch your mind······

catch075　兩位台灣女生的**新環遊世界**80天　陳美筑／文　陳美倫／圖

責任編輯：韓秀玫　美術編輯：何萍萍　法律顧問：全理法律事務所董安丹律師

出版者：大塊文化出版股份有限公司　台北市105南京東路四段25號11樓

讀者服務專線：0800-006689　TEL：(02) 87123898　FAX：(02) 87123897

郵撥帳號：18955675　戶名：大塊文化出版股份有限公司　e-mail:locus@locuspublishing.com

行政院新聞局局版北市業字第706號　版權所有　翻印必究

總經銷：大和書報圖書股份有限公司　地址：台北縣五股工業區五工五路2號

TEL：(02) 8990-2588　8990-2568（代表號）　FAX：(02) 2990-1658　2990-1628

初版一刷：2004年7月　初版二刷：2005年6月　定價：新台幣380元　ISBN 986-7600-57-6　Printed in Taiwan

兩位台灣女生的
新環遊世界80天

文／攝影：陳美筑＋陳美倫

Fiona＋Rita

目錄

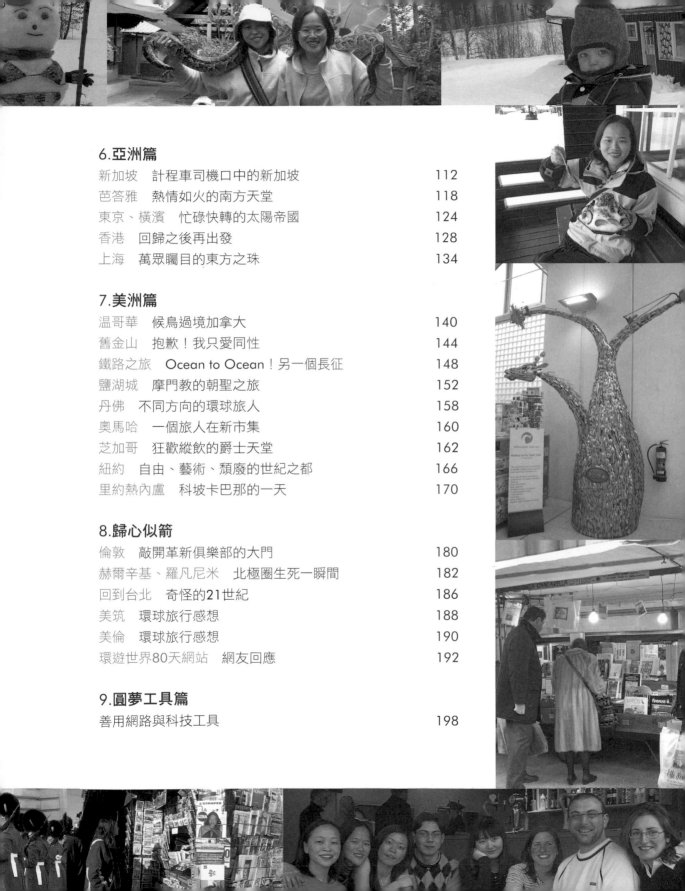

決心灌溉夢想的種子

一切都從一本書開始的

　　忘記我和妹妹是何時看完《環遊世界80天》這本書的，也許是剛學會注音符號時吧！記憶中只留下一個印象，就是男主角騎著大象，在印度救了一個美麗的女人。當時我就覺得「原來這個世界還有這樣子的地方啊！」當時心中就有一股強烈渴望，想去看看這個繽紛的世界。

　　大學畢業進社會工作。從雜誌發行到網路企劃，乃至行銷工作。我一直像個拚命三娘，認真工作。由於對網路工作的熱情，我常常熬夜寫企劃書到天亮，隔天又要向廣告主提案；後來從企畫轉型為業務。當時每天的生活像跑百米一樣，拚命往前衝。只要稍微停下來，我就充滿了危機感──怕自己就此定型了。獅子座好強的我，隱約感覺好像一直在追求什麼；現在回想起來，無非是一種工作的肯定和成就感吧！

　　2002年9月，趁離職的空檔，我計劃了生平第一趟自助旅行。本來只想到英國，開始蒐集資料後卻欲罷不能。最後演變成為兩個月的英、法、德、奧西五國自助旅行。歐洲真的很美！有音樂、有花朵、有廣場、有噴泉，是個藝術感十足的地方。更重要的，我看到了那裡的人們展現出對生活如此不同的樣貌。回來後，感染到一股力量，覺得世界好像不同了。看著牆上大大的世界地圖，我忍不住想起小時候的夢：環遊世界。這時候《環遊世界80天》這本書突然從記憶的幽暗角落跳了出來。靈光一閃，何不試著照這本書去走？我把書找出來，興奮地讀著裡面每一個地名，倫敦、巴黎、都靈、蘇伊士運河、孟買、布罕浦、阿拉哈巴德、瓦拉那西、麻六甲海峽、橫濱、舊金山、鹽湖城、紐約⋯⋯每個地名，唸起來都好像有一種魔力。讓我心跳加快、血液加速，如果照這本書的路線環遊世界，到底會發生什麼事呢？這是一件讓人光想到就興奮不已的事。想著想著，當天晚上我竟然失眠了一整夜。

努力攢錢實現夢想

　　可是我不是完全沒有現實感。隨便把計算機拿起來，按下80天的食宿費用加上交通，都是一筆不小的數字，雖然有幾年工作存下來的一點積蓄，但差距還很大，更不知從何開始。因此，我e-mail履歷表到旅遊網站應徵行銷工作，這樣似乎離我的夢想比較近。因為我的經驗，我很順利地得到那份工作。

　　之後，在忙碌工作的餘暇，我就偷偷地留意環球旅行的資訊，也弄清楚，全球有很多航空公司的聯盟，像是星空聯盟、寰宇一家、藍天聯盟……等。大約十幾萬元左右的機票價格，就可以實現環遊世界夢想。我在CIA網路情報員等工具中設定關鍵字「環遊世界」，系統會自動搜尋新聞並e-mail到我的信箱，每天打開信箱最期待的就是國內外環遊世界旅行者的新聞，夢想越來越真實起來。

　　在初期，我只把這個想法只告訴兩個人，一個是我最好朋友M，一個是我妹妹。出乎意料，M不但沒有澆我冷水，還當場表示願意跟我一起走這趟旅行，所以我不費吹灰之力就找到旅伴了！真高興！妹妹則半開玩笑的說，要幫我提行李，叫我帶她一起去。我說好啊，好啊！那我就把你藏在行李箱裡帶去好了。當時只是一句玩笑話。結果世事難料，朋友在出發前一個月突然生病，沒辦法成行。最後反而是妹妹不忍心讓我一人獨行，勇敢跳下來，成為我最忠實的旅伴。

辭職踏上旅程，三十歲以前能完成心願嗎？

　　那段時間，我小心呵護著這個夢想，就像豢養著一頭美麗的獸。白天，我繼續在職場上衝鋒陷陣，工作上非常順利，還得到許多機會，包括跳槽、升遷、進入一家跨國外商的行銷部門等。一切看起來那麼順利。可是

夢想互助團體聚會照～微笑版。

台北

夢想互助團體聚會照～互動版。

到了夜晚，我的夢想之獸總在無人時對我絮絮低語，牠不斷說著世界的美麗、埃及金字塔的神秘、泰姬瑪哈陵的壯闊、恆河的靜謐雋永、紐約的多元奔放、北極光的神祕絢爛⋯⋯漸漸地聲音越來越大，書架上也被各式的旅行書填滿。遠行的渴望到了我不能忽視它的程度。有一天我問我自己，如果不去會不會後悔。答案是肯定的。就在二十九歲生日過後不久，我遞出了辭呈，開始積極告訴周遭的人，我要去環遊世界八十天。

「充滿內心的勇氣，開始面對外在的無情考驗。為了進行我的環遊世界計畫──一個旁人看來幾近瘋狂的計畫，我做了不會回頭的決定，現在開始只能往前進。」翻看我之前隨手寫的手記，當時決定真的要去時，頗有一種破斧沉舟的決心。但其實當時我的內心是不安的，不知道在前面等著我的是什麼。而收入也不能完全中斷的情況下。所以我一邊和朋友合作接著網路架設的案子，賺取生活費。一邊和M專心準備旅行的事。

聽到兩個女生要去環遊世界，朋友的反應是很多元的。有個同年齡的朋友意味深長地說：「去吧！快三十歲了，這可能是最後能做夢的機會了。」有人冷言冷語：「環遊世界！那需要多少錢呀？妳中樂透了嗎？」但也有好朋友二話不說問我還差多少錢，只要能力所及，他願意借我一些，助我實現夢想。這真令我非常感動。

但大多數的朋友是半信半疑的，說不定有人正想著，這個人是那根筋不對？還有很多人猛問：「你家人同意嗎？男朋友同意嗎？」活了快三十年，發現真的想做一件事時，沒有旁人的認同好像就不能也不准做似的，真是奇怪。還好M和我兩人總是彼此鼓勵，也很慶幸有她和我一起熬過改變最初的阻力期，沒有在第一關就被擊倒。

環球旅行的準備

「環遊世界？那得要做多少準備呀！」現在回想，當時整個過程簡直就像不可能的任務，所有問題都是第一次遇到，像是到底要該準備多少旅費，才不會像賣火柴的少女一樣餓死凍死路旁；另外該帶什麼東西，數位產品要不要帶；國外住宿要不要先訂房；火車要不要先訂位；要不要打預防針、接種疫苗；當地交通如何安排等等，一堆問題接踵而來。安全也要考慮，很多人聽到兩個女生要去環遊世界，就會不斷告訴我們可怕的真實故事，像是被搶、強暴、謀殺⋯⋯等，弄得我們超焦慮。整體而言，就是千頭萬緒，不知從何進行。

而其中最複雜的是機票，因為想照著環遊世界80天路線去旅行，很多地方跟現今的航空路線是不相符的。這個棘手的問題還曾經考倒航空公司及許多大型旅行社的工作人員，不是排出來的路線不符合我所想的，就是開出天價般的報價。我們像是陀螺一樣每天在旅行社與航空公司間轉來轉去，連行程表都一改再改到第八版。眼看預計出發的日期就快到了，還是抓不到竅門。

簽證也是一門大學問。因為時間緊迫，我們不打算在國外申請簽證，以免橫生枝節。但為了在期限內辦完所有簽證（14國），也幾乎快跑斷腿。巴西簽證手續繁瑣文件複雜到令人抓狂。有的無邦交國像葉門根本拿不到簽證。我們急得如熱鍋上的螞蟻，問遍所有能問的人，外交部、駐外單位、旅行社、甚至海外的台商，沒有人有答案。

距離出發日倒數47天時，朋友M因為身體狀況不佳決定不去了。我的心情也跌落谷底。壓力大到甚至問自己該不該放棄。還好妹妹及時出現，願意陪伴我一起去做這趟旅行。而媽媽開明的支持，則是我最大的一顆定心丸，鼓舞著我們繼續前進。

貴人的鼓勵與支持

把夢想告訴別人最大的收穫，就是會意外地也聽到很多人的夢想，而且他們會督促妳快快實現。印象最深刻的是有一位在銀行擔任高階主管的朋友說，他年輕退伍時曾想去走西伯利亞鐵路之行，正在準備時，突然接到銀行的錄取通知，他猶豫後，選擇了就職。一直到現在將近十幾年了，他還是念念不忘這心願。我發現很多人都有環遊世界的夢想，但真正實現的少之又少。大部分的人習慣把願望放在一個等待的位置，等退休、或是等中彩券才能去完成。

也因為我們積極告訴很多人，非常戲劇化地在最後的關頭，許多貴人紛紛出現。像是台豪旅行社的張大哥用他的經驗和專業幫我解決了機票安排和簽證。身旁一群熱心的朋友也因為「看不下去了」，主動跳出來，成立了「夢想互助團體」。這是由12位來自各行各業朋友組成的團體，概念是彼此幫大家圓夢。

我們是第一個實踐者，接下來有人想創業，有人想去金融之旅，還有以色列社會主義集體農場體驗等……也有人還在蘊釀中。因為有這十二個朋友，我和妹妹不再是單打獨鬥。他們無私的付出，幫我們出錢出力、幫忙蒐集資料、擔任後勤補給、借數位器材、架設網站（www.aroundworld80.com），甚至還連絡國外認識的朋友，提供我們當地的接應，所以我們在旅程中50%的國家，都有當地的朋友接應。

就這樣，出發前每天日子都像伊拉克開戰前般緊湊刺激，東奔西跑忙到最後一天。所有的困難一一解決，行李也匆匆打包。直到踏上飛機時都還不敢相信，我們真的出發了。

2003年12月14日，我們從台灣出發。即將前往英國，開始我們的環遊世界80天之旅。

21世紀的環遊世界80天行程安排

我們安排的環球旅行，除了環遊世界80天的挑戰之外，我們在開頭與結尾都預留了一些時間。所以整個旅程總共有113天。依照我們的規劃，考量交通、預算與個人的偏好，我們分配給每個國家的天數如下：

八十天挑戰的國家（事實上是80+1天。飛過國際換日線將多出一天）

法國（5天）→義大利（含梵蒂崗）（9天）→埃及（9天）→以色列（6天）→橫越印度（19天）→新加坡（2天）→泰國（3天）→日本（3天）→橫越美國（15天）→巴西（6天）

而在八十天挑戰之外，我們也利用環球機票的里程數，另外再拜訪了這些國家。

環球挑戰前後停留英國（10天）→香港（4天）→上海（3天）→芬蘭（10天）→加拿大過境（3天）

原著提到的每一個國家我們都去了，除了「葉門」。我們透過各種方式都無法申請到葉門簽證。聽說唯一的方式是由當地企業出具邀請函，再以商務考察名義前往。但申請過程曠日費時，曾經有審核半年還是被拒簽的例子。聽到這裡心裡不禁涼了半截。我們去哪找葉門企業邀請我們呀？加上聽聞旅行社的人說「阿拉伯國家不太歡迎30歲以下，單身且無丈夫陪同的女子入境」。所以葉門成為此行唯一一個遺珠之憾，最後我們也改去以色列，做為補償。由這個行程表，其實也可以看出我們的偏好。橫越印度時，因為便宜且具異國風情，所以我們保留了18天給它，是停留最久的國家。而時間最短的地方是新加坡，因為和台灣文化相近，所以只停2天。

而在出發前還有一段插曲。因為經費不足，加上簽證趕辦不及（美國和巴西簽證沒辦下來）。所以妹妹原本決定只走旅程的前段。也就是在旅行一半之後，就返回台灣。後來因為夢想團體大家的協助，以及眾人的鼓勵，最後才終於能夠成行。所以在橫越美國之前，妹妹就飛回台灣為申請簽證作奮鬥。而我則繼續旅行橫越美國，直到妹妹飛到芝加哥與我會合。

《環遊世界80天》小說

1873年，在工業革命的初期，法國作家朱利‧凡爾納，出版了一本轟動當時文壇，至今仍膾炙人口的小說《環遊世界80天》，場景發生在19世紀英國倫敦，一名英國紳士與牌友打賭，誇口說能在80天內環遊世界一周，沒人相信他的話，大夥下了大筆賭金，而這名紳士，帶著他的僕人，開始了一趟驚險萬分的旅程，這本小說引人入勝之處，除了結合大量地理與科學知識，與生動的地方特色描寫之外，更傳達出一種概念，就是在科技發達之後，人們對未來的憧憬與對世界的探索，是當代最超乎尋常、最富幻想的作品。

21世紀與19世紀「環遊世界80天」比較

	19世紀的環遊世界80天	21世紀的環遊世界80天
旅行者	兩個男性	兩個女性
國籍	歐洲人（英國紳士＋法國僕人）	亞洲人（兩個台灣姊妹）
職業	不知從事什麼行業，神秘且富裕的英國紳士	開發中國家邁向已開發國家中，平凡的年輕上班族女性
實際身分	虛擬人物、小說中的主角實際上不存在	真實的旅行者
交通條件	只是為了完成賭注目標，花在交通時間太長，完全沒有旅行品質而言。	藉科技發達所賜、這個時代的交通更快捷便利了，節省下來的時間能夠更深入當地，發掘當地的特色。
時空背景	工業革命初期	資訊網路時代

歐洲篇

2004 Around the World in 80 Days

倫敦　來到起點，革新俱樂部

巴黎　歡渡聖誕節，錯誤卻美麗

都靈　《如果在冬夜，一個旅人》

威尼斯　第一眼就愛上的城市

羅馬　過度熱情的義大利男人

倫敦　來到起點，革新俱樂部（Reform club）

尋找革新俱樂部 → 2003年12月21日 → 還剩 80天

　　今天是我們的出發日。兩位在英國唸書的朋友Belle以及Piyun特來會合，與我們一起去尋找革新俱樂部，這是故事主人翁英國紳士——費南斯‧佛格所屬的英國紳士俱樂部；也是《環遊世界80天》中小説的起點。

　　不過老實説，我並沒有把握能夠找到這個地方，畢竟它只存在於小説中，而且是一本130年前的小説中。目前我所掌握的線索，其實只有兩個：一個是我手上的《環遊世界80天》小説，裡面有革新俱樂部的外觀以及位於波爾購物中心（Pall Mall）第104號的地址。另一線索是在網路上搜尋到，在google搜尋引擎上鍵入「Reform club」，將會找到一個倫敦著名的紳士俱樂部介紹網頁，它提供了重要的線索，那就是革新俱樂部位在查令十字（Charing Cross）地鐵站附近。有了這個線索，當下就容易得多了。

　　此外，一個很重要的情報，也是在國外書迷同好網站上，一位讀者曾遠赴倫敦，尋找這個俱樂部。他費了九牛二虎之力，還一度走錯走到隔壁棟建築，不過最終還是找到了。但是俱樂部不接受非會員的參觀，所以他仍然無法進入。雖然如此，他還是很高興地拍下革新俱樂部的外觀，並且將照片放在網路上。

　　這些情報顯示這個俱樂部確實存在。我的夢想似乎在此刻，突然更真實化了。故事書中的對白不斷迴蕩在腦海中，《環遊世界80天》小説中對故事主人翁費南斯‧佛格的描寫是：

　　『儘管盡量行事低調，卻仍是倫敦革新俱樂部裡最獨特、鋒芒最露的會員之一……』

　　『他肯定是英國人，但卻可能不是倫敦人，他不屬於任何組織，沒有任何跟他有關的線索……』

　　『而他加入革新俱樂部，是因爲他往來的霸菱銀行推薦他入會的，因爲他的户頭向來寬裕，開出的支票總是能夠如期兌現，所以累積了良好的信用……』

　　『而他唯一的消遣，就是看報和玩惠斯特牌，這種靜默的牌戲恰好符合他的個性。每天早上，費雷斯‧佛格走出沙維爾街的住處，在右腳跨到左腳前面五百七十五次，左腳跨到右腳前面五百七十六次之後，來到了革新俱樂部。』

　　該書中的附圖對於倫敦革新俱樂部也有描寫：

　　『座落於波爾購物中心，革新俱樂部位於104號，它的建築形式讓人聯想到義大利式宮殿。19世紀時，自由黨的黨員與黨友在此聚會……』

104
PALL MALL

白金漢宮前衛兵交接。

『這座龐大的建築座落於波爾購物中心，而整個中心興建完成的費用絕不下於三百萬英磅……』

我甩甩頭，只是為了讓腦袋更清醒。倫敦的天氣被沉重的霾雲壓得更加陰暗；空氣中流動著與同是島國的台灣相似的氣息，但是增添了更多寒意。在21世紀的今天，我們將開始走一段歷史的道路了。

抵達

12月21日，我們終於到了我們的目的地查令十字車站（Charing Cross）。一出來就聽到從教堂裡傳來叮咚叮咚漫天的鐘聲，原來今天是星期天，旅行時不太有時間感，差一點忘了今夕是何夕。在迴響的鐘聲中，我們穿過了倫敦最令我青睞的廣場——特拉法加廣場。廣場中央矗立著一年一度的重頭戲，一顆超巨大的聖誕樹。據說除了聖誕夜的慶祝之外，每年跨年的倒數，這個廣場更是擠滿成千上萬的人，壯觀無比。廣場的噴水池前遊人如織，鴿子也成群飛翔，遠處是大鵬鐘（大笨鐘）尖聳的身影，我們不由自主地在原地看傻了。路過國家藝廊，雖然已經沒有多餘的時間了，但是大家還是禁不住誘惑溜了進去，在門口右轉進去的包廂，再看一眼梵谷的向日葵名畫。

依著地圖的方位，往可能的方位走去，不花多少功夫，我們就找到了波爾購物中心的指示牌。妙的是，指

電影哈利波特拍攝地點之一，倫敦國王十字車站(King's Cross Station)的9 3/4月台，就是哈利波特(Harry Potter)每次到霍格華茲魔法學校的入口。

示牌不只有一個，而是非常多個波爾購物中心的名字，分布在不同的建築物上。原來，與其說 Pall Mall 是一棟建築物，不如說是一條街的街名還比較符合現狀。我們一棟棟找去。大約走到離廣場150公尺處，發現了一棟可疑的建築，它方形的窗戶，跟我們書上的照片非常像，而且它比周遭所有建築的顏色都還要深還要舊。建築物外觀明顯是義大利式的建築，所有特徵都非常符合。加快腳步衝過去，比對門牌號碼，真的！是波爾購物中心104號，我們找到了！！

隔了130年 小說與真實版交會

好像站在歷史逆轉的19世紀倫敦，我們站在革新俱樂部前，俱樂部的大門深鎖，門上還裝著監視器。我們敲了敲門，但是沒有回音；過一會，有位先生正好從建築物走出來。我們立刻上前招呼，並且說明來意。他說裡面並不開放，然後就匆匆離去。隔了幾分鐘，又有一對打扮得體的男女，正要進入建築物裡。我們向他詢問，他們說他們是被邀請的，不太瞭解裡面的狀況，然後也沒有多做說明，就快步走上階梯。「碰～」一聲，大門再度關閉。

英國人果然是個行事低調的民族！但是沒有關係，因為早在預料中了。雖然我們有點小小的遺憾，但還是

霧裡的倫敦鐘塔——大笨鐘（Big Ben）。

倫敦國王十字（King's Cross）車站。

興致勃勃；既緊張又期待，我們就要從這個歷史悠久的俱樂部出發往世界各國了！就像費雷斯‧佛格，以及他的法國僕人萬能，踏著地球前進，繞過地平線的另外一端，並且將在80天後，重新回到這個地方。事隔整整130年，這個巧合的日子（佛格與萬能完成環遊世界那天），我們是一個虛擬，一個真實；兩個歐洲男性和兩個不知天高地厚的台灣小女生，但是在同樣的一個地球上，究竟130年的光陰對這個地球造成了什麼改變？我們的夢想或許有人不能理解，或許有人覺得很辛苦（像我的朋友Zorg看我們出發前手忙腳亂的準備，還跟我開玩笑說：「好可憐唷，竟然要環遊世界～一定是上輩子做錯了什麼事！」＾＾）。

　　身處在永恆的城市倫敦，看到人類創造出的種種璀璨文明，如果沒有親身站在這裡，光憑電視上或者書上的描寫，實在很難想像這裡究竟是什麼樣的地方。就像這趟旅程，沒有親身去走一趟「環遊世界80天」的旅行，是很難感受到「環遊世界80天」的感動。我們腳下的地球，某些知名或不知名的角落，到底還有什麼新鮮事，正待我們一一去發掘。

啟航

　　將近傍晚四點，距離出發的時間越來越近了，前來見證的Belle 以及Piyun，幫我們在俱樂部前留影。過往的路人，看到我們的中華民國國旗，紛紛興奮地前來湊熱鬧。一對英國夫妻，聽到這就是大名鼎鼎的革新俱樂部，馬上拿出相機留影；一群外國男生，興奮地跑來與我們合照，還對著我們的DV喊著：「Hello，Taiwan！」事後還祝福我們旅途愉快。我們也不忘記寫下我們自己架設的環遊世界80天網站，希望他們可以上去瞧瞧。到了4：00，倫敦的天色已暗，我們正式啟程！接下來我們要去滑鐵盧（Waterloo）車站，趕18：20開往巴黎北站的歐洲之星火車了。再會吧！倫敦，80天後，我將再回來！

《環遊世界80天》小說版本

　　在此推薦我們最喜歡的一個版本。由著名的外國出版社Gallimard在1994年印行，國內則是由台灣商務印書館出版的《環遊世界80天》。這是目前我所找到最細緻完整的譯本，並且有很精采的當代照片與相關附圖說明，有興趣的讀者不妨找來看看。

柯芬園

　　（柯芬園，Covent Garden，倫敦最多觀光客的地方之一，類似台灣的西門町，常見有許多戶外的街頭藝人在此表演，最近魔戒第三集的首映記者會也在這邊舉行，我眼前所見，這個廣場充滿著濃濃的聖誕氣息，中間的旋轉木馬將聖誕節的氣氛帶到最高點。）

優雅紳士與另類龐克──有趣的英國人

　　在倫敦街上的英國人，一個個看起來既優雅又內斂。穿著入時的黑色長風衣，不慍不火，男男女女都恰如

其分。說起英文來也是中規中矩，優雅得體（不像美國人的誇張起伏）。可是，最保守的國家卻有最劇烈的反動，英國也是以「前衛龐克」著名的國家。周日搭車到北邊的肯頓通（Comden Town）地鐵站，那裡可是倫敦的龐克族集散地，也是倫敦最大的跳蚤市場之一。琳瑯滿目的前衛服飾、炫目的假髮與變裝飾品、印滿南美洲革命份子「切·格拉瓦」的照片，以及大麻葉子圖案的T恤、披頭四和大量搖滾樂的CD、各色搞怪櫥窗，以及擦身而過的龐克族們……絕對讓你眼界大開。如果留心細看，很多地下室的店鋪裡，到處都賣著各式的大麻捲菸、造型各異的吸食器等，琳瑯滿目，令人咋舌。

某些英國人的長相，跟據我們不負責任的「馬路觀察」發現：英國的中年男人有一部份長得很像「豆豆秀」裡面的豆豆先生。而女生呢，金髮的英國女星，樣子有很多讓我聯想起BJ單身日記裡面的布莉琪，一派都會單身女性的感覺。

英國人整體上是走冷靜派路線，可是總覺得在冷靜內歛的外表下，隱藏著非常複雜的內心世界。我很喜歡的一些英國作家，像是《魂歸烏斯河》的女性主義作家維琴尼亞·吳爾芙。或是動不動就用「解構」的方式，將愛情的的真實內涵肢解得清清楚楚，有「英倫才子」封號的艾倫·迪波頓！某種程度也可以反映出英國人某部分追求精確的性格特質。當然英國文化的魅力不只限於引任入勝的成人文學，像是哈利波特這個本世紀最大的魔法傳奇，更是全球大小朋友的神奇夢想，擄獲著全球書迷的心。

久違的朋友Belle和Piyun

看到兩位久違的朋友，Belle和Piyun，她們都是今年才到英國唸書的研究生，讀藝術與管理，我可以感覺出她們深受到英國文化的薰陶，講起學校生活真是神采飛揚。Belle是我多年前的室友，Piyun則是Belle的大學同學，兩人都是美麗與智慧兼具，我們周遭許多同年齡的朋友，尤其是女生，今年都不約而同地踏出實現自己夢想的步伐；有人結婚，有人出國唸書，而我，選擇環遊世界。有位朋友曾笑說：「這是我們這個世代的女生，從二十多歲即將要跨入三十的門檻時，不甘心人生就快要定型了，而做的一點小小掙扎與反撲吧！」簡單來說，就是時下流行的「30焦慮症候群」吧？呵呵，這種說法我並不承認，因為不管到了幾歲，我希望我還是不要懼怕改變，因為人生本來就是一趟冒險的旅程，不管你幾歲，只要想做什麼，永遠不嫌太晚。

英國食物初體驗

我知道這麼說可能有些偏頗，但是我在英國真的沒有吃到過可以被稱做「美食」的食物！偶爾吃到好吃的，也通常不是英國食物，而是來自各地移民的中國菜、越南菜、日本菜、印度菜……甚至連阿拉伯人帶進倫敦的一些像沙威瑪類的食物，吃起來都比冷冷的三明治和乾巴巴的「炸魚薯條」容易入口。難怪旅遊指南上會建議觀光客可在倫敦品嚐各國美食。在倫敦的第一天，逛完聖誕氣息濃厚的柯芬園，我們飢腸轆轆早就不由自主地逡尋「俗又大碗」的好餐廳。可是晚上沿著熱鬧的倫敦街頭卻遍尋不著，不是驚人的天價就是菜單看來乏善可陳，真讓我們欲哭無淚。在瀕臨崩潰邊緣，總算選了一家看起來平價的餐館「Food for thought Vegetarian Restaurant」

右：南歐健康沙拉餐，實在太～健～康～了。

左：倫敦肯頓通（Camden Town）區的龐克族。

（31 Neal Street Covent Garden），大概是賣東歐方面的家常菜。點了三盤看起來還差強人意的料理（一盤大約6.5英鎊），吃起來竟然都是冷的，而且中間混雜著奇怪的彩色菜乾。幸好有馬鈴薯泥、煮熟的南瓜，以及生菜混雜著的一堆起司，還是馬馬虎虎地讓我們有了飽足感。

　　吃完之後，感覺自己好像是寒帶國家的草食性動物，也像高原上的犛牛，在冷冷的風中剛剛低頭啃完眼前的草地，肚子裡的草還是涼的，有待慢慢消化。就在同時，我和妹妹不約而同地想起行李箱中的滿漢大餐珍味牛肉泡麵，那種熱騰騰香辣辣的感覺，讓我們真想馬上飛奔旅館分食。總之，「美食」(或說熱食)二字，還是到法國再好好體驗吧！

倫敦居大不易

　　倫敦的物價幾乎可說是世界第一。介紹一家很「背包客」的青年旅館Generator（http://www.the-generator.co.uk） Compton Pl, Off 37 Tavistock Pl, Russell Square, London, WC1H 9SE +44 (0)207 388 7666，靠近大英博物館，這個地方是我在倫敦住過最喜歡的。不僅因為收費低廉（每人只要13.5英鎊，大約台幣七百多元），更是因為它的氣氛自由；男女混住（在歐洲很常見），以及熙來攘往的世界各國旅行者，住在這裡真的可以體驗多元的異文化。但如果你渴望獨處與不受干擾的環境，就千萬不要考慮。

　　如果有兩個人以上，也可以考慮住倫敦的B&B。King Gross地鐵站對面小巷子裡有大概幾十家的B&B。雙人房（不含衛浴）價格大約35～70英磅。優點是附早餐，有個人空間當然也舒適多了。

巴黎　歡度聖誕節，錯誤卻美麗

巴黎聖誕夜 →2003年12月22日 →還剩 79天

　　所有聽到我們要去巴黎過聖誕的台灣朋友，都會發出由衷的讚嘆：「真好！真羨慕！！」但當我們滿懷期待地來到巴黎時，這裡的每位法國朋友，或是長住巴黎的台灣朋友，卻都說：「來巴黎過聖誕節是個錯誤！」為什麼？原來所有的巴黎人都回鄉下過節了，聖誕節對他們來說，就跟中國的農曆年一樣，是屬於自己家人的；巴黎的街頭非常冷清，會到巴黎過聖誕的，大概只有觀光客吧！不管怎麼樣，來到這個人人嚮往的浪漫花都，就好好體驗究竟巴黎的聖誕節是怎麼一回事吧！

聖母院望彌撒

　　聖誕夜隔天一早，我和妹妹來到巴黎聖母院。這處全巴黎地理與文化的中心點、法國人精神信仰的聖殿，正舉辦著彌撒儀式。聖母院中央有一個大螢幕，上面是人山人海的畫面；我猜想這或許是與梵蒂岡教廷現場連線！在莊嚴的聖歌中，我們點上一個小小的蠟燭，並且將願望寫在小小的紙片上，投入院方準備好的箱子中。裡面早已裝載了許多人滿滿的願望。聖母院裡一半以上都是像我們一樣慕名而來的觀光客，大家拿著DV或相機不斷對準玫瑰玻璃窗與聖像拍攝。教堂的中央區坐滿了虔誠的信徒，低頭沉思於聖歌中，或作默禱狀，或無聲地在胸前劃著十字。

　　想起出國前媽媽千交代萬交代，要到行天宮拜拜祈求旅途平安，當時見到男女老少紛紛對著恩主公虔誠膜拜，國人的表情與現在聖母院的法國人臉上所顯現的聖潔表情都是一樣的。人種不同、時空不同，但是人們對著神祇低語祈求時，很多的心願與盼望其實都是相通的。

香榭儷舍大道燦爛燈海

　　「Oh～香榭儷舍……Oh～香榭儷舍……」來巴黎常可以聽到這段法國香頌。

　　香榭儷舍大道，是另外一個充滿聖誕氣息的地方。我們走過去的時，剛好是黃昏，一不小心就鑽進了路旁賣紀念品的小店，我和妹妹買了一些小徽章、紀念筆，心滿意足地走出來。不知不覺中香榭儷舍大道已然燈火通明，真是浪漫美麗，我們看傻了眼，不愧是巴黎最著名的一條街。所有的樹上掛滿了亮麗的燈泡，整齊劃一，遠處的凱旋門也透出獨特的光影，法國人的戶外裝置創意，以及古蹟的打燈光的方式果然是一絕。

百貨公司爭奇鬥艷

如果要我擬一份巴黎最有聖誕氣息的地點排行榜，名單裡面第一名一定是「拉法葉」百貨公司了。從歌劇院（OPERA）地鐵站出來，向富麗堂皇的加尼葉歌劇院後方走去，沒走多遠，就立刻會被拉法葉百貨公司所佈置的聖誕節裝飾外牆所吸引。彷彿是仿教堂玫瑰玻璃窗般繁複的設計圖樣，在晚上閃耀著七彩奪目的光芒。一大群觀光客紛紛拿著相機猛按快門，拍照的人多到了嚴重阻斷交通，這本身就已經是一個奇景。

緊鄰拉法葉百貨隔壁的春天百貨也不甘示弱，粉紅色的心型佈置，閃動著暖暖的光芒，配上滿滿的燈花，沒有拉法葉百貨的大卡斯，但也別樹一格，頗耐久看。進入拉法葉百貨，大型的聖誕樹巍巍聳立，跟它的馬賽克玻璃圓形天頂相映成趣。

浪漫的特權

傳說在巴黎的聖誕夜，如果你漫步在香榭儷舍大道，或是艾菲爾鐵塔附近，就可以有一個浪漫的特權：就是你可以吻任何你想要吻的人。被吻的人不能拒絕。乍聽到這個傳說，我們心中充滿了好奇與絲絲遐想……很想去一窺這耐人尋味的奇俗，可是說歸說，心中還是不免有既期待又怕受傷害的擔憂。

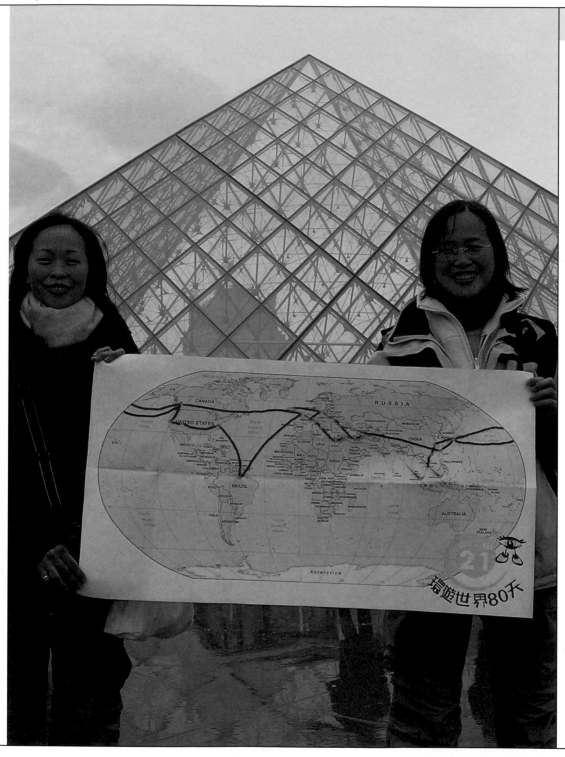

不過，因為聖誕夜受到Jonny舅舅盛情邀約要共進聖誕大餐，很可惜，我們沒有去嘗試這個美麗的傳說。只聽到朋友說，曾經有個中國女生，在聖誕夜滿懷驚嚇的從街上衝回來，臉上還包裹著圍巾；因為她被很多莫名奇妙的男子「吻襲」。當中有各色人種，法國人、阿拉伯人、非洲人等，真把她嚇壞了，而且她也並不覺得那是一個浪漫的經驗。聽完了這段真人真事，我們也暗自慶幸並未以身試法。

豪華的聖誕大餐

在巴黎，Jonny舅舅是我們投靠的港灣。而聖誕夜當晚，舅舅及他美麗的親戚曉慧，熱情邀請我們共進聖誕夜晚餐。從下午開始，兩個人就在廚房中忙進忙出，並且完全婉拒我們幫忙。大約七點鐘，客廳中傳來陣陣美麗的樂音。舅舅和曉慧換上正式的服裝，俊男美女粉墨登場；等賓客都到齊後，就開始了聖誕宴。這可是我們生平第一次受邀共進聖誕大餐，所以格外興奮。

同桌相聚的，除了Jonny舅舅、曉慧之外，還有曉慧的朋友，匡育恆。經過曉慧用心的安排，我們的聖誕大餐主食並不是「烤火雞」，而是道道地地的「火鍋大餐」，並且還加上特別準備的「牛頭牌沙茶醬」。這可說是我們旅行時朝思暮想的台灣美食。光看到這幾樣食物，真的好像台灣過年在家中圍爐的場景，我和妹妹的眼淚已經在眼框中打轉了。一盤盤豐盛的食材，包括曉慧特別採買的活蝦、花枝，以及多到吃不完的海鮮、肉類、以及蔬菜，讓我們覺得非常幸福。

而在品嚐過舅舅極力推薦的鵝肝醬之後，舅舅又拿出一瓶特選的道地法國紅酒來，大夥舉杯慶祝聖誕節。香醇的法國紅酒和熱騰騰的火鍋真是令人振奮。餐後舅舅精心準備了富雄食品店的甜點，這家堪稱巴黎最高檔食品店的甜點果然名不虛傳，香滑的口感，上面點綴著銀箔，華麗與美味兼具，令人回味無窮，宛如畫下一個完美的句點。

不過聖誕宴會還沒結束，後面還有一個大驚嘆號──還有是聖誕禮物喔！來自台灣的我們各自收到了經營免稅店的Jonny舅舅的聖誕禮物，那就是三瓶小型的紀念香水！沒想到輾轉相識且素昧平生的舅舅，竟然如此盛情款待我們，真讓旅途中的我們，感受到非常大的震撼！感動哪！

艾菲爾鐵塔下巧遇朱利凡爾納

在1873年，佛格與萬能經過巴黎時，巴黎並沒有這座龐然的大鐵塔。這玩意兒其實是再過16年，為了舉辦「萬國博覽會」才建造出來的。在夜晚，鐵塔每隔一段時間還會出現閃動著白光的特殊效果，晶瑩剔透的白光在鐵塔本身不停竄動，將巴黎的夜空，妝點得格外浪漫美麗。

參觀完艾菲爾鐵塔後，在鐵塔的腳下，無意間抬頭一瞥，竟然發現一家餐廳，名字就是朱利凡爾納（Jules Verne）。連忙拿起隨身的相機按下快門。這個巧合讓我們驚訝不已，因為這位大名鼎鼎的法國作家朱利凡爾納

（1828-1905），就是《環遊世界80天》的作者；也就是影響我們而有了這趟環球旅行的作家。如果不是他在130年前饒富想像力與充滿趣味的作品，我們兩個來自台灣的姐妹，現在就不會站在這裡，踏上一樣的環遊世界八十天之路。

這餐廳的出現，對我們來說是一個很好的預兆。雖然因為價格的關係，我們沒有入內用餐。但與這個同名餐廳的相遇，註定有種魔力，就如同凡爾納先生親臨21世紀巴黎的當下一般，鼓舞著我們，完成這個現代人最原初的好奇與夢想。

Merci beaucoup à Verne!

（法文，中譯為：謝謝你凡爾納先生!）

平民化的美食──蜆菜

滿滿一鍋鮮美的貝類，熱呼呼的上桌時真是幸福啊！因為這樣貨真價實的一整鍋是只屬於你一個人的，你

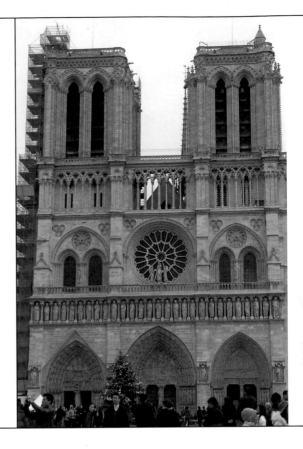

巴黎

右：巴黎聖母院，就是大文豪雨果筆下鐘樓怪人居住的地點。

左：巴黎造型復古的燈箱廣告。

可以放心大快朵頤吃到飽吃到爽。

　　蜆菜是一種貝類，有點像台灣海鮮餐廳裡現炒的大型海瓜子，或是淡水的孔雀蛤，但是入口的口感更細緻些。當然烹調的方式也完全不同，常見有蕃茄、白酒、奶油等口味。我最愛的口味是以大量的白酒或啤酒作湯底，加香料整鍋悶燒一段時間，最後再香噴噴地端上桌。嚐起來新鮮爽口，入口時貝肉還帶有一點湯汁，這時候切記！一定要配一杯白酒（這是當地的常識），那簡直是人間極品。隨著吃完的盤子越堆越高，原來的鍋子就可以看到乳白色的湯汁，這些湯汁，是配上各種不同的香料或白酒烹調出來的美味菁華，絕對不可以浪費喔。吃完、喝完，每個人的臉看起來都是紅通通的。蜆菜的溫暖效果，好像瞬間就能抵禦巴黎的凜冽寒風。

尋找失蹤愛犬

　　巴黎人愛狗，是世界出名的。我們在巴黎的街上，看到這張「尋找愛狗」啟示。照片中的狗狗看起來就是養尊處優，受到很好的照顧。水汪汪的眼神好像在說：「生活在巴黎真好，主人每天帶我去公園散步、坐地鐵、

喝露天咖啡、進餐廳還有逛百貨公司；他還會給我吃好吃的狗食，我當然也會陪他一起看電視囉！有這麼愛我的主人，我很快樂。但是我現在走丟了，怎麼辦？我從來沒有獨自生活過⋯⋯ㄠ嗚～ㄠ嗚～⋯⋯⋯。」

看著狗狗惹人憐愛的表情，實在令人擔憂牠的去向，說不定牠早就被狗口販子綁架，或是經由不法狗蛇集團引渡到其他國家了，唉⋯⋯

品嚐少女的酥胸

巴黎有一項非常難以抗拒的東西，就是甜點。當我們無意間，路過巴黎最知名的食品店──富雄食品（Fochon）時，忍不住被上面沾滿各種糖霜的美麗甜點誘惑。

想起台灣的雜誌曾經介紹過巴黎的種種知名甜點，忍不住走進店裡。此時各種口味的Marcaron小圓餅散發著誘人的色澤。這種不起眼的小圓餅可是大有來頭的呢！

有人說這是路易十四迎娶西班牙新娘時的御用甜點；有的傳說它來自阿爾卑斯山腳，是17世紀教會修女的秘密食譜。總之現在的它已成為巴黎甜點的重要代表，並且有許多可愛的別稱，像是「細緻的麵糰」、「修士的肚臍眼」等。

但最讓我心存好奇的是，據說上等的Marcaron咬下去的口感要像「少女的酥胸」才算合格。忍不住買了一盒綜合口味的來嚐嚐，雖然11歐元（折合台幣400多元）的價格是我吃過相當貴的甜點，但它的口感真的很不賴。外脆內鬆的餅殼，配上各種口味的餡料，像是杏仁、青蘋果、巧克力、咖啡等等，入口即化、均衡完美。

巴黎人對甜食的耽溺程度堪稱世界之最，因此巴黎的甜點也是特別甜。我想它們本身就是被設計來就著一壺熱茶，或者是一杯濃濃的咖啡的吧。

巴黎 巴黎地鐵。

巴黎 巴黎小凱旋門。

29

威尼斯　第一眼就愛上的城市

晨曦中的美麗水都 →2003年12月27日 →還剩 74天

　　2003年12月28日，早上8:05，外面天空才微亮；遠方傳來一陣淺淺的鐘聲，若有似無。房間裡的雙層窗子，外層木頭，裏層玻璃，讓室內密不透光。我偷偷地起身，怕吵醒妹妹以及同房的一位韓國女生；走到客廳，推開向外的窗子，中間是一條窄窄的巷子，對面的住戶也是用同樣木製的窗子，上面還晾著兩塊花布。一間間房子上面覆蓋著古樸的磚瓦。呼～空氣濕濕涼涼，感覺好清新，我在威尼斯了。

　　昨夜我們搭乘義大利的觀景火車，火車駛進威尼斯時，時間已經是晚上7點鐘。因此我們並沒有看到傳說中駛入水上城市的奇景。倒是威尼斯的民宿主人帶領我們去民宿的途中，爬過彎曲的拱橋、穿梭過大大小小的水渠及路邊販售紀念品的商店，再加上沿街裝飾聖誕及新年的閃耀燈火，我們才嗅到獨特的水都氣息。好像具有一股神奇的力量，短短5分鐘的路，這個城市就已收買了我們兩個人的心。

熱情的威尼斯修女

　　吃完早餐後，我們整裝開始一天的探險。走下樓，還沒走出巷口，迎面走來兩位黑衣白帽的修女，冷不防對我們招手，示意我倆過去。我們在還沒搞清楚怎麼回事前，這兩位修女已然上前握住我們的手，激動熱情地直對我們笑。那是媽媽溫暖的笑。其實這只是單純地在清晨的一個招呼，然而我跟妹妹卻像被電到一樣，久久說不出話來。旅行將近10天，從沒有遇過這麼親切熱情的陌生人，威尼斯人都像這樣嗎？

琳瑯滿目的精品店　5分鐘的路走了4小時

　　從旅館出來，我們唯一知道的路，就是昨夜從火車站到民宿的這一小段路。為求保險起見，我和妹妹決定用最笨也是最簡單的方法－－走回威尼斯火車站，再搭乘火車站旁邊的巴士船遊覽這座水上城市。

　　結果世事難料，昨天只花5分鐘就走到的路程，今天竟然花了4個小時才到目的。並非迷路，而是被威尼斯最致命的吸引力──「路旁的小店」，給徹底迷住了！　天呀，從沒有看過那麼多漂亮的水晶玻璃、神秘面

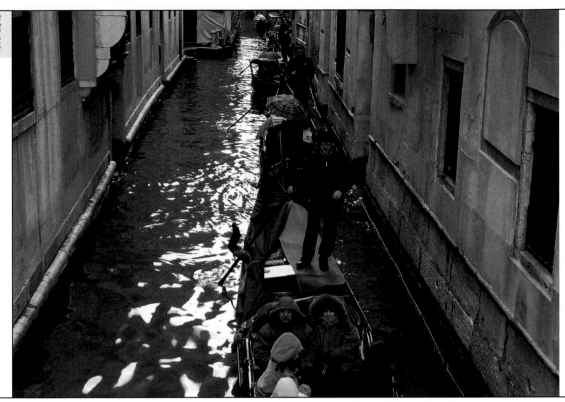

具、嘉年華道具。尤其是那玻璃製品,晶瑩剔透,五顏六色,每一件都是藝術品,讓人不忍移開視線。真想全部把它們給買下!然而終究有現實的考量,加上攜帶不便,也只好用相機拍下來帶回家了。

不過,大件的帶不走,小玩意總可以擁有一些。我們兩個姊妹像發狂似的,在一間間的店舖穿梭往返,剛巧這條街幾乎全都是藝品店,所以整整4個小時,走完一間又一間,比價再比價,最後在極度克制的情況下,各自買了一支威尼斯特有的玻璃筆、面具造型的小徽章和幾個精緻的小盒子。要不是還有一點點罪惡感,勉強強迫自己冷靜下來,恐怕今天怎麼都走不到目的地——火車站了。

到達目的地時,已經是將近黃昏時分 ^_^

搭乘威尼斯渡船

水都威尼斯的主要交通工具,當然就是船。渡船之於威尼斯,就像捷運之於台北市一樣的重要。我們到火車站對面的渡船總站搭乘一號線的渡船,沿著S型的大運河繞威尼斯一圈,再到威尼斯的生活中心——聖馬可廣場。一路上充滿無限的驚奇,一會兒左岸邊出現整排精緻小巧的房子,一會兒又從造型絕佳的嘆息橋穿越;

威尼斯的手工面具。

聖馬可廣場前的鴿子。這裡也是每年威尼斯嘉年華最重要的活動地點。

過不一會兒，又有一艘比我們的船造型更別致的「黑色鳳尾船」迎面穿過，真是驚奇不斷。

在岸邊，露天咖啡一座比一座悠閒，不時又會穿過令人好奇的傳統菜市場。運河上，海鷗與水鳥佔據水陸之外的領空，霸道交錯地飛翔；小船的桅杆一根根多得像素描裡的線條一般。天空飄著毛毛雨，迷濛的霧氣將黃昏的水面渲染得像一幅柔和的油畫。夕陽西下時，我們的小船輕輕靠近碼頭，聖馬可廣場到了。我們依依不捨地上岸，結束這段夢一般的擺渡巡禮。

大啖超級美味披薩

來到義大利，品嚐號稱世界三大美食王國之一的美味佳餚，是一定要做的事啦！其實前一天晚上，我已經和妹妹嘰哩呱啦地討論了很久，並詢問了幾位在地人，哪裡有威尼斯最著名的披薩餐廳？打聽了幾種義大利披薩店常見且有特色的口味：

「馬格麗特披薩」——揉完了麵皮，如果只是塗上番茄醬。然後再加上烤起來會牽一條絲的莫薩雷拉乳酪塊，就是義大利最原味傳統的「馬格麗特披薩」。

「伯魯斯可尼」——「瑪格麗特」如果再加上醃製的小胡瓜，就變成了所謂「伯魯斯可尼」披薩。隨著個人喜好，披薩上可以加上義大利香腸，或是不同的乳酪，讓披薩的口味更千變萬化。

「西西里披薩（Siciliana）」——西西里島盛產迷你茄子（Eggplant），加上番茄、摩茲瑞拉起司、迷迭香就是西西里披薩。

「拿坡里披薩（Napoli）」——拿坡里算是是披薩的發源地，他的基本用料為酸豆、醃漬鯷魚、紫蘇、番茄、起司共同組成拿坡里披薩。

「四季（Qrattro Stagioni）」——則是每個義大利城鎮都會有的披薩，他主要是依據當地地方盛產的原料或特色並且由至少四種餡料拼盤而成。

在威尼斯吃披薩，我們可以推薦兩家知道的餐廳。其一叫Gino's Pizzeria，位於我們的旅館和火車站之間；另一家位於聖馬可廣場旁，叫Al Faro Pizzeria。我們在Gino's Pizzeria吃過他們的招牌披薩，是由6種不同的原料組合而成。包括黑橄欖、熱狗、火腿、蘑菇、鹹菜和香腸。不同的是每一種口味分區獨立，各佔六分之一的地盤。所以披薩上來時是由6種不同顏色組成，呈放射狀。披薩中間還打了一顆蛋，真是色味俱全。

異國薈萃的民宿小PARTY

在威尼斯的民宿中，我們遇到各國遊客，大部分都是韓國人。有一位韓國女生Eugene（因為發音關係，我在心中偷偷叫她尤琴）跟我們相處最久。她目前在英國修習玻璃與雕塑藝術方面的課程，趁著假期，來到威尼斯度假。其他還有幾位親切的韓國女生，以及一對來自紐西蘭的情侶。

　　大家來自四面八方，白天的時候各自遊歷，晚上回來，都會在廚房裡準備晚餐。大家聚在餐桌邊吃邊聊，偶爾還會有人貢獻紅酒。大家圍在圓桌旁淺嚐美酒，交換自家烹飪的食物，聊聊自己的國家。歸納起來，這當中大家百聊不膩的話題，就是美食。似乎大家對自己國家的美食總是念念不忘。我們當然也努力形容了許多美味的台灣小吃，像是臭豆腐、麻辣鴛鴦鍋還有各式台菜等等，我們邊說邊吞口水，同時也讓其他人羨慕不已。

民宿資訊聯絡人：Francesca （經營者是一位大陸女士）講中文也可以通喔！

電話：347-8017106

地址：到的時候打給她，她會到車站去帶你過去民宿（走路約10分）

e-mail：francescahaus@libero.it

威尼斯

水都一隅。

威尼斯

右：神秘公爵面具。

左：哭泣面具，吸引我們駐足良久。

羅馬　過度熱情的義大利男人

許願池旁的豔遇 →2003年12月31日 →還剩 70天

　　幸福噴泉是羅馬最後一件巴洛克風格的傑作，全名是特雷維噴泉（Fontana di Trevi）。傳說只要背對著幸福噴泉，往左肩方向將硬幣投入噴泉的池子內，許下的願望就會實現。不過稍有不同的是第一枚硬幣許下的願望必須是重回羅馬，第二枚硬幣許下的願望才會靈驗。

　　我和妹妹慕名而來，希望在新的一年許下新的願望。來到許願池之後，我們的注意力立即就被這座美麗的噴泉吸引：雄偉的雕像、透亮的燈光還有碧綠的水，水底下沉著一枚枚晶亮的各國的錢幣。我和妹妹輪流虔誠地將硬幣背投至許願池中，秘密地許下心中最大的願望。

　　然後突然有兩個奇怪的義大利男人走過來搭訕。他們也正要來許願，其中一位光頭義大利男子，表現得非常熱情。自稱他是吹小喇叭的樂手，昨天剛做過一場表演，還說自己很會做菜，會畫畫，是位藝術家，在羅馬市區有幾棟房子……他說如果我們願意，下次我們到羅馬，一定要找他，他可以提供給我們免費住宿，並會親手做菜給我們吃、吹小喇叭給我們聽。

　　才一會兒，他已經把妹妹拉到一旁，並且把他已經離婚、目前獨居的事實通通告訴妹妹。他還對妹妹表達好感。另一個義大利人，也就是光頭的朋友，更是大有來頭，他說他住在英國北部某個古堡裡面(聽起來像是古堡的主人)，趁著新年來找羅馬的朋友玩，說他昨晚才去看光頭表演小喇叭，簡直是棒極了！希望我們明天可以一起去看另一場表演，並且要介紹真正的美食給我們。

　　老實說，這樣的偶遇來得很突然又太濃烈，雖然義大利男生的熱情早已名聞遐邇，但是在我們眼中他們也太過度了，實在讓人怯步。我們私下討論決定拒絕他們的邀請。後來，他們又提議要一起找一家真正的美食餐廳共進晚餐。我和妹妹仍舊以「另有約會」為由，再度婉拒。臨別前他們留下電話和e-mail給我們，希望我們在羅馬這幾天可以再見一次面，當然後來，這件事並沒有進一步的下文。

　　後來看到羅馬有一種受騙的個案，是以浪漫的偶遇開場：對方極力推薦某家美食餐廳；卻以共進晚餐結尾。但是在共進晚餐之後，受邀者會看到一張天價的昂貴帳單，不得以的情況之下只好認栽。我們這次偶遇究竟是不是這樣的騙局？還是只是純粹遇到了兩個熱情的義大利男人？我想我們永遠不會知道了。

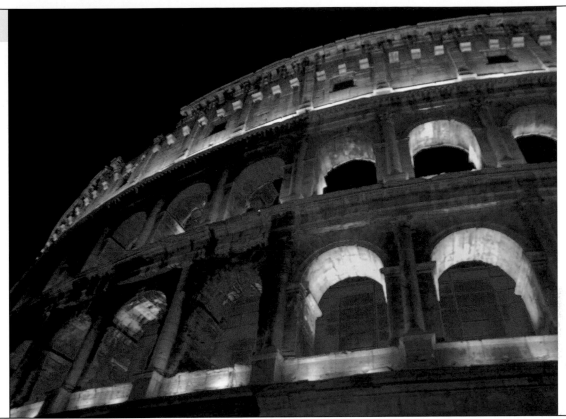

滿天噴灑香檳雨

　　台上的主持人帶頭倒數，全場一致嘶吼：「5、4、3、2、1，新年快樂！！」幾乎同時，滿天噴灑著香檳雨，開香檳的聲音此起彼落，歡樂的音樂響起；人們激動地互相擁抱。許多人停下來打電話，傳簡訊給不在場的人；耳邊爆竹聲不絕於耳，偶爾夾雜著打碎玻璃瓶的聲音；所有人已經High到最高點。街頭表演者，更是賣力地舞動著手上的火球……這是2004年的開始，我們在羅馬Anagnina附近廣場跨年。

　　放眼望去，我們是唯一的東方人。聽說當天羅馬有三場跨年，我們去的是離住宿地點最近的一個戶外露天演唱會。在A線地鐵站的最後一站，叫做安那妮那Anagnina，因為位於邊陲，反而沒見到什麼觀光客，大部分都是羅馬的青少年。

　　為了要方便跨年活動，地鐵全線不收費。我們搭上地鐵，每節車廂都塞滿了人，氣氛歡愉，而且幾乎全部搭乘A線的人都是要去同一個地方─Anagnina站。10點不到，小小的廣場就擠滿了年輕人，廣場邊有許多人開始放爆竹、沖天炮與水鴛鴦。爆炸聲不絕於耳，還有人玩仙女棒、勝利火花之類的煙火，好像台灣的中秋節。

羅馬地鐵花不溜丟的彩繪車廂，是羅馬一大特色。

　　10點多，一個很像義大利「五月天」的團體開始演唱；但唱歌似乎不是重點，跳舞才最重要。不久DJ又上場，播放一首首的熱門舞曲，氣氛更熱了。其中很多曲目都是耳熟能詳的，有很多曲子來自美國的流行歌曲。 好笑的是，全世界的青少年都一樣，在聽到「Y~M~C~A~」四個音節時，就像被制約了一樣，全場一致舉手比出這四個字母，並且大聲唱和。原來全世界年輕人跨語言跨國界的歌曲，是這首歌呀！「YMCA」這首歌真是堪稱本世紀最經典的舞曲。

欠扁痞子男

　　擁擠的人群中，我們找到了一個場邊的台階，居高臨下欣賞台上的演出。前面有一群年輕人，人手一瓶啤酒，看來已經喝醉了，嘻笑的聲音特別放肆。其中有一個光頭的年輕男子，看到我們兩個亞洲女生，就一直轉過來對我們怪笑。還大聲問我們：「Where are you from？」我們回答「Taiwan」之後，他卻重複：「Oh…Thailand! I know Thailand!」；然後在自己肩膀上做馬殺雞的動作，示意我們幫他馬殺雞。

　　當然我們沒理他，但是這個不禮貌的動作，讓我非常生氣，真想居高臨下踹他一腳，給他一點教訓。但還是硬生生把氣忍住。生氣的不是因為他把我們錯當泰國女生，而是在這個無聊男子所表現出來的，對於亞洲女性的歧視與輕佻。難道，泰國女生給她的印象，除了是一台會馬殺雞的機器之外，就沒有別的意義了嗎？在現今這個訊息暢通的世紀，對於世界各國的國情應該都不會太陌生，如果他還認為「泰國女人」就等同於「馬殺雞女郎」，照這邏輯那「義大利男人」難道就等同於「小偷騙子與扒手」嗎？為了怕惹事，瞪了他一眼後，我

們就沒再說什麼，只好儘量與他保持距離。

羅馬民宿玫瑰婆婆

　　我們住在朋友介紹的民宿「玫瑰婆婆」，這是台灣人經營的民宿，有一位親切的李奶奶。如果要訂房，可先寫e-mail給李奶奶的女兒，李良蘋小姐。她會很快回信跟你確認住宿細節。

　　我們去的時候，剛好院子裡的橘子樹成熟了。李奶奶還讓我們爬上橘子樹親自摘採，結實累累的果樹，香甜的橘子讓我們留下了難忘回憶。

　　聯絡人：李良蘋 小姐（台灣人）

　　地址：via-marco valerio corvo 46 A棟

　　電話：339-8571478

　　E-mail：lianpin@hotmail.com

非洲篇

開羅　探訪《一千零一夜》的國度

路克索　生與死一河之隔

蘇伊士運河　情勢緊張的海上通輸動脈

開羅　探訪《一千零一夜》的國度

夜遊尼羅河 →2004年1月5日 →還剩65天

　　到埃及前，有兩項表演是我們期待已久的：其一是肚皮舞；其二是旋轉舞。當旅行社提議一種尼羅河畔遊輪的夜遊行程（35美金／人，含司機接送與導遊），可在船隻行進中邊觀賞尼羅河夜景、享用當地食物，一邊還可以欣賞這兩種表演時，我們當場就訂下了這個節目。

　　在埃及的第一個晚上，我們開開心心地跳上尼羅河的郵輪，享受這個獨特的神秘之夜。導遊名字叫做哈珊Haytham。戴一副眼鏡，看起來斯文，不多話。他陪我們一起上郵輪，在郵輪上恰巧遇台灣的旅遊團。他們的導遊碰巧也是這家旅行社的導遊。

　　不知什麼原因，他們似乎對導遊很不滿意，甚至最後整個旅行團憤怒地拂袖離去。幸好我們的遊興未受影響，我們認真地品嚐當地的餐點，欣賞別緻的表演。聽完前段暖場表演（酷似「埃及版的葉啟田」）演唱完情歌後，我們期待已久的表演終於上場。

香豔火辣肚皮舞

　　一位穿著艷麗中空裝的肚皮舞孃，突然從皮鼓、鈴鼓以及當地傳統管樂聲中冒出來。聽說她有著俄羅斯血統。著著一頭長髮，一雙狐媚的眼睛很會勾人。在火紅的流蘇中間，露出了性感的小肚皮。

　　雖然以我們的標準來說這肚腩稍嫌肥胖，但這應該是阿拉伯國家認定的標準美腹吧！肚皮舞是阿拉伯國家艷情的象徵，但是並不算太煽情。跟台灣下港喜宴上常見的電子花車鋼管女郎，或PUB裡淑女之夜的猛男秀比起來，這樣的表演簡直含蓄極了。

　　配上獨特的阿拉伯音樂，偶爾還有男性舞群伴舞，果真很有阿拉伯風味。舞孃不時到觀眾席中邀請觀眾上場共舞，慢慢地來自各國的觀眾紛紛下海，跳成一團。

　　有一位看起來像美國女孩的觀眾，更是當場撩起上衣，露出一截小蠻腰，也來一段即興歐美風肚皮舞表演，贏得滿堂喝采。這時有個男子，竟拿著一台相機對著舞場中的舞孃與舞客貪婪地猛拍，當時也不知道他是誰，表演結束後，每個人竟然都拿到自己與肚皮舞孃共舞的精裝照片（需購買，埃幣20磅），這才恍然大悟，埃及真是一個非常觀光化的國家，不知不覺中就把觀光客的錢賺到自己荷包裡。

金字塔前騎駱駝。

人面獅身。

開羅的穆罕默德阿里清真寺(Mosque of Mohammed Ali)，連鈔票上也有印這座清真寺喔！

46

與神合一的旋轉舞

接著上場的是很特別的旋轉舞。男舞者穿著色彩鮮豔的舞衣，腰間套著近似裙襬的裝飾。隨著音樂響起，他們開始翩然旋轉，儼然一顆顆巨大的陀螺在旋轉。當音樂的速度加快，舞者的裙襬也跟著飛揚起來，像極一張彩色的大傘。

各種顏色交融在一起，突然間產生了一種奇特的視覺效果；當速度轉到最高點，裙子竟然分開成上下兩層，上面那層慢慢上升，形成一個倒傘狀包裹起舞者頭部。突然間，這傘又滑到舞者的手上，變成了名副其實的大傘！真是千變萬化、如幻如夢。

據聞這種舞蹈，是由13世紀伊斯蘭神秘教派哲學家所創，是為了冥想之用。透過單調、簡單的動作，達到宗教裡平靜、冥想的境界。郵輪上的表演雖然較觀光、商業取向，但還是稍稍洩漏了旋轉舞的基本神韻，非常超凡脫俗，有一種獨特的感染力，彷彿當下可以感受到一絲絲「舞蹈與神合一」的神祕境界。

金字塔旁騎駱駝

來埃及之前一直認為我們不會像所有人一樣俗氣，騎上那種專為觀光客準備的雙峰交通工具。結果來到這裡，看到駱駝從鼻孔裏噴氣的可愛模樣，嘴裡一邊嚼著草糧，看起來還對我們邊微笑的表情。等我回過神來，早已經跨上一邊的腳凳，爬上駱駝背上，準備出發開始我們的沙漠駱駝巡禮了。

坐駱駝最刺激的是在駱駝起身的瞬間，因為你會往前傾斜再往後跌撞一次。很多人經過這兩下，已經斜掛在一邊等待救援了。還好我跟妹妹沒有這種悲慘的經驗，只有忍不住尖叫幾聲而已。

駱駝主人回頭過來直說「No problem！No problem！」接著就牽著我們的駱駝，緩緩地走向沙漠中，不知是否心理作用，在駱駝的高度上，除了看到牠可愛的後腦勺之外，走起路來脖子一動一動地讓人心情愉快之餘，看出去的沙漠特好像都特別蒼涼，金字塔也特別美。而駱駝一路隨著地勢上上下下，連下陡坡都好像肉墊上都有裝了止滑裝置一樣，老神在在地行走自如，還可以邊走邊撿路上散落的飼料來吃，不愧是最適合生活在沙漠裡的動物。

走到一個定點，駱駝主人很熟練地拿著我們的相機，替我們拍照，看他們操作機器的熟練程度，想必平常已經「閱相機無數了」，而結束付錢時，才發現導遊之前說每人每趟25元(Dollar)，指的是美金(U.S. Dollar)，不是我們以為的埃磅(Egyptian Pound)。嗚~~誤會一場！心疼之餘還是得付，付完錢駱駝主人還不肯走，我們一人再塞了五埃磅之後，他們才離去。

試抽阿拉伯水煙

「不要再帶我們去觀光景點了！我們想看一般人的生活！」埃及生活體驗我們最想做的就是——去泡咖啡館抽水煙。導遊Haytham一聽覺得非常好笑，大概很少人這樣要求過他。在參觀過埃及博物館的行程之後，他果然就帶我們到一間清真寺旁的熱鬧市集裏，找到一間小巷子裡的咖啡店，讓我們體會抽水煙的樂趣。

聽說水煙只是一種有香味的空氣，沒有抽煙習慣的人都可以抽。在回教國家，親朋好友在咖啡館一起抽水

右：埃及主食「歐西」，是以麵粉加鹽和水發酵後烘烤而成。
左：郵輪上勁舞的肚皮舞孃。

煙的情形非常普遍，大概就像台灣人一起泡茶藝館，或唱KTV一樣稀鬆平常。水煙的口味很多，大部分是水果口味，有草莓、櫻桃、覆盆子，還有香蕉，但也有卡布奇諾口味的。

我們點了一管「Strawberry」口味的水煙，煙具送上來後，好不容易水煙點著了，煙具也開始發出呼嚕呼嚕的響聲，我和妹妹就一人各執一隻長長的管子，開始有樣學樣吸了起來。水煙入口很香甜，我們點的草莓口味水煙，吸起來一點都沒有香菸的澀味。反而很可口，吸了喉頭甜滋滋的。我突然有一種來到十九世紀鴉片館的錯覺，水煙館本身有一種慵懶閒散，放鬆愉快的氣氛，難怪埃及人沒事就喜歡泡在水煙館裏吞雲吐霧一番！

一邊抽著水煙，導遊Haytham也一邊教我們一些實用阿拉伯語。像是：

「你好」是「阿哈藍哇沙哈藍」。「哈比比」則是「好朋友、親愛的」；

「早安」要說「沙巴黑樂佛勒」：「晚安」就說「米沙黑樂佛勒」；

「我愛你」是「安娜歐黑比」；「再見」是「瑪沙拉馬」。

禮尚往來，我們也回敬他中文教學。看他非常認真地把拼音寫下來，相信身為導遊，將來一定常常會有練習的機會！

異國情調的回教市集

講到回教市集，總讓我聯想到《一千零一夜》裡的場景——阿拉伯商人不遠千里渡海到各地，冒險尋找稀有昂貴的香料、金銀珠寶，透過貿易或掠奪的方式帶回國（像辛巴達七次航海即是典型代表）。所以這樣的市集裡也就充滿了難以想像的各式商品，亟待發掘。

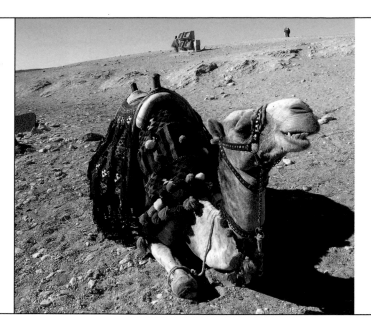

右：駱駝主人命令駱駝Smile，駱駝當場聽話露出笑容。
左：埃及漂亮又好吃的小甜點。

開羅的市集裡，充滿許多五顏六色的小掛毯、不知名的香料、還有各種法老與動物頭像的石雕、小金字塔的模型、莎草、香水瓶、銀飾、寶石裝飾的小盒子。唯一的缺點是小販像蒼蠅一樣粘人，緊追不捨。我們在市集裡鑽來鑽去，偶爾停下來詢問價格，有時同樣的東西從開價到殺價成功，竟然差價達七、八倍，顯然對外地人哄抬物價的情形非常普遍。

開羅市集由上方加蓋的迴廊組成，彎彎曲曲非常容易迷路，逛市集時要小心隨身的財物。還有，殺價千萬不要手軟。

埃及之旅行程安排

埃及之行，我們採取到了當地直接找旅行社安排的方式。

旅行社「Jinger Tour」是透過台灣的旅行社朋友介紹，他們跟台灣的旅行團有固定配合。在開羅機場有設櫃，很方便。幫我們安排的經理曼哈特（Madhat Mohamed）答應給我們特別折扣。

經過努力殺價再殺價，九天的行程安排下來，連住宿2人總共美金850元（第一天：住宿＋郵輪夜遊；第二～三天，包車遊開羅與吉薩金字塔；第四～五天路克索兩日遊；第六～七天亞斯文兩日遊；第八～九天開羅與蘇伊士運河之旅；開羅→路克索→亞斯文火車來回）。很多地方我們都省掉導遊解說的部分，這已經算是精簡到不行的了，早就聽說埃及旅行不便宜，今天算是見識到了。

埃及的錢是埃幣（1美金=6.1埃幣， 1埃幣=5.6台幣），而且幾乎全部都是使用紙鈔，較少銅板。我們特地換了一堆小面額鈔票，拿到手上的是一個信封厚厚的紙幣，蠻有成就感的。可是接下來卻發現，這是一個錯

路克索　生與死一河之隔

驚魂記，護照不見了！ →2004年1月8日 →還剩62天

　　從開羅的咖啡館出來，導遊Haytham送我們到開羅的拉姆西斯中央車站，準備搭乘到路克索的夜快車。幾天的相處，我們成了好朋友。他細心地帶我們到月台候車，並且耐心的一直陪我們等候了約一個多小時，直到火車來。

　　開羅拉姆西斯的中央車站，有14個月台，據說這是非洲最大的車站。雖然有英文標示，但並不明顯。我們剛剛一進門看到如同天書一般的阿拉伯文班次表，真不知道該從何看起。

　　順利搭上車。晚餐後因為無事可做，我們早早就入睡。清晨5:00，查票員來敲門，告訴我們火車即將抵達路克索。一下火車，就看到當地負責導遊的阿拉丁先生，在月台上迎接我們；他胖胖的外表，真的讓我們覺得他很適合這個名字。阿拉丁先帶我們到飯店，但就在Check-in時，我往腰間一摸，發生一件極度恐怖的事：裝護照的貼身腰包不見了！

　　怎麼會這樣！護照是我這趟旅行最重要的東西，如果護照掉了根本就無法繼續走下去了。在國外不可能補辦多國簽證，這將導致後面預定好的環球機票全部不能用！所以這趟旅行我幾乎護照不離身，昨晚臨睡前還將它裝入薄薄的隨身腰包中，且小心地扣在我的腰上，怎麼可能會不見？

　　阿拉丁見狀匆忙帶著我，跳上車請司機直奔車站，再狂奔到月台上。我們趕到下車的地方，火車沒有開走，原來這班火車的終點站就是路克索！趕緊向查票員說明原委，我衝上火車，不停地搜索先前睡過的臥鋪，感謝上帝、感謝阿拉、感謝聖母瑪利亞、阿彌陀佛……果真在棉被中發現了它，護照、旅行支票…所有的東西都還在！謝天謝地！

　　事後我檢查了貼身袋子，才發現袋子上的扣環已經斷裂。所以八成是昨晚沉睡翻身的時候，護照的塑膠扣環被扯斷裂了，袋子掉落下來，才導致這這場驚魂記。另外，我起床後，也沒有仔細檢查床舖或棉被中有無遺留物品，這也是一個致命的錯誤。

　　當初選擇這個貼身腰包就是貪圖它輕便，但是沒想到薄薄的袋子，只有一個塑膠扣環的設計其實非常脆弱。才旅行到第二十天，它就壽終正寢。由於太薄，冬天穿著層層的厚衣服，掉落時並不容易察覺，所以在此奉勸出外旅行的朋友，還是不要過度信任這樣的腰袋，以免類似的悲慘事件重演。

路克索卡納克神殿。

　　回到旅館，妹妹知道我找回了護照，只說了一句「找到了就好！」沒再說什麼，我卻難過了一整天，心情低落到了極點。今天若是火車已經開走了，或是我是把護照掉在其他任何找不到的地方，後果會有多嚴重？

　　抵達路克索的第一個早上，我在難過與沮喪的心情中度過。

一河之隔兩個世界

　　來到路克索最重要的，就是要拜訪古埃及底比斯王國最大的遺產。而這些遺產又分成兩大部份：其一是東岸的「路克索神殿」與「卡納克神殿」——這雄偉的神殿是生者的世界；其二是帝王谷與皇后谷地的眾多陵寢——這沙漠中豪華的陵寢是死者的國度。

　　古埃及人獨特的生命與文化觀，將尼羅河東岸太陽升起的一端，富庶的綠洲地區作為生活的地方；卻將西方，太陽落下的那一頭，一望無際的沙漠地區，作為死者的國度。

　　這樣的安排倒是跟中國人重視風水陰陽的概念頗為接近。因為現在媒體一片埃及熱的風潮，加上許多節目如Discovery製作精采專輯做深入介紹，所以我對古埃及的一些人物，如文治武功最強盛的拉姆西斯一世、二世、篡位的埃及武則天哈契蘇普女王、以及英年早逝的圖唐卡門國王……可說是一點都不陌生。因此參觀這些雄偉的神殿時，儘管導遊解說得意興闌珊，我還是看得津津有味。

　　路克索神殿有拉姆西斯二世豎立的方尖碑，但其中一根被埃及當作禮物送給了法國——就是我們之前在巴

路克索

色彩繽紛的當地服飾。

路克索

天真活潑的埃及小朋友。

路克索

埃及流行的功夫電影，在此非常賣座。

黎協和廣場看到的那個高高尖尖矗立的方尖碑。但諷刺的是，法國回送的禮物卻是我之前在開羅薩拉丁古堡教堂中看到一個不起眼的鐘樓，這不免讓人感覺法國的回禮相對來說太過寒酸。卡納克神殿則是氣勢雄偉的多柱室：134根巨大的石柱，讓人仰望到頭暈目眩，並感受到古埃及的雄厚國力與氣魄。

圖唐卡門的陵墓

雖然帝王谷中拉姆西斯二世陵墓中的漂亮壁畫相當迷人，但我還是忍不住再付了一點參觀費，鑽進導遊説的「沒有任何參觀價值的」圖唐卡門陵墓。我知道這裡所有的寶物都已陳列在開羅的考古博物館，而我們在開羅也已參觀過，但我還是很好奇：當初在不起眼的沙漠中發現這座寶藏的時候，第一個走入墓穴的人，他是怎樣的心情？

皇后谷的重點當然是哈契蘇普女王的神殿。這位被導遊戲稱為「熱雞湯女王」（hot chicken soup諧音）的陵墓，果然是氣勢驚人。不過這座神殿我最在意的，不是女王被懷恨在心的圖特摩斯三世鏟去的壁畫或者是無頭的神像（頭部同樣在埃及開羅考古博物館中）；而是這裡曾經發生過震驚埃及的「路克索大屠殺」事件：恐怖份子持槍闖入神殿，開槍掃射無辜遊客，58名觀光客與4名警察血染神殿。從埃及處處可見觀光區警察與持槍戒備的軍人，可以看自1997年至今，即使事隔六年多，這件事情的陰影還沒有完全淡去。

蘇伊士運河　情勢緊張的海上通輸動脈

蘇伊士運河釣魚？ →2004年1月13日 →還剩57天

為了一睹傳說中的蘇伊士運河，我們特地問旅行社經理曼哈特（Madhat）交通問題。一旁的司機穆罕默德說他可以私下開車帶我們去，算我們便宜一點，而且熱愛釣魚的他說：「我們還可以順便在蘇伊士運河釣魚，上次我釣起了一條25公斤的魚唷，足足有這麼大！那我們的午餐就吃烤魚大餐好了，呵呵………」。他一邊比著手勢，一邊描述得很興奮。連一旁的經理都笑得好開心。我們在腦海中描繪著手捧大魚，手指比YA的畫面，真是迫不及待想出發了。

結果隔天來的司機不是穆罕默德，而是另外一位胖胖的阿美德（Ahmed）先生，發現他並沒有帶釣竿來時，我們真的很生氣。原來穆罕默德的手突然受傷而無法開車，這位阿美德先生來代班，但沒聽過釣魚的事。一路上，他很認真的導覽沿途風景，我和妹妹則是怒氣難消，沒給他好臉色看。大家有一搭沒一搭的聊著。阿美德是一個虔誠的回教徒，所以話題一直圍繞在阿拉身上打轉。

快到蘇伊士運河時，阿美德突然轉過來說，待會抵達時，可不可以讓他離開五分鐘，因為他要去祈禱。回教徒一天要對麥加方向跪拜祈禱五次。五分鐘後，他帶著心滿意足的表情回來，圓圓的臉上堆滿笑容。

我們抵達的伊士麥里（Al-Isma'iliyyah），是位於蘇伊士運河中段的左岸，距離開羅大約三小時車程。蘇伊士運河就像是一條銀白的帶子，劃過兩岸的沙漠地帶。河面上有許多大型的貨櫃船緩緩通過，而對岸的那片土地，就是西奈半島。導遊說，現在的西奈是不允許觀光客去的，不過有一個方法可以例外，就是付點錢給看守的人（就是賄絡嘛～）。我們走上一艘渡輪，導遊跟船上的人員講了幾句阿拉伯話，那個男人露出了解的笑容，示意我們上船。一路上，船上坐滿各種裝扮的埃及民眾，包著頭巾的男人和蒙面的女人。沒有任何的觀光客，約莫航行了十五分鐘，船就來到西奈半島。我們依約塞了船費與小費給船上的男人，他點點頭，我們跟著群眾魚貫下船。

層層戒護的西奈半島

講到西奈，摩西過紅海之後穿越的土地就是西奈半島，他在西奈山上聆聽神諭，十誡就是由此而來。這裡距離攀登西奈山起點的聖凱瑟琳修道院還很遠。而以埃間的緊張局勢也使得穿過西奈半島困難重重，據說從以色列前往埃及容易，但從埃及過去比較難。西奈半島果然是一片乾燥的土地，那裡有刻意屯墾栽種的樹木，放

蘇伊士運河渡輪上穿黑衣的神秘回教女子。

眼望去，前後左右都有荷槍實彈的埃及軍人。我們小心翼翼地往內陸走去，站在高處崗哨的軍人們也一直盯著我們。爬上台階，越過一個像是政治人物的宣傳看板。放眼望去，黃黃的沙漠中穿插著一棵棵的植物，背景是一排棗椰樹。遠方有一排民房，近處則是矮小的兵營，一些士兵穿梭其中。從來沒見過這樣一片荒涼的土地，雖然很刻意的飲水灌溉，但還是乾巴巴的沒有半點生氣。我們舉起相機，朝一片黃色的大地按下快門。

軍人「護送」我們離開西奈

其實從我們踏上西奈半島時，因為兩個東方女生出現在這裡很不尋常，所以附近的士兵一直遠遠尾隨我們。這時，似乎被我們按快門的舉動驚動了，立刻上前盤查。氣氛一時之間變得很緊張。導遊要我們把相機收起來，並且一直向前來的軍人解釋，我們只是來旅行的，沒有要探測軍事機密的意思。那兩位軍人離開了一會，又折回來說，基於安全考量，他們還是必須「請」我們離開西奈半島，這是規定，請我們見諒。這兩位荷槍的軍人就一路在後面尾隨著，亦步亦趨。確定我們走到搭船的地方，才放心折返。

我們又搭上原來的渡船，一路回到伊士麥里。這時候，阿美德導遊很認真的說：「好，現在請妳們回答我一個問題了」。

「什麼？」我們問。

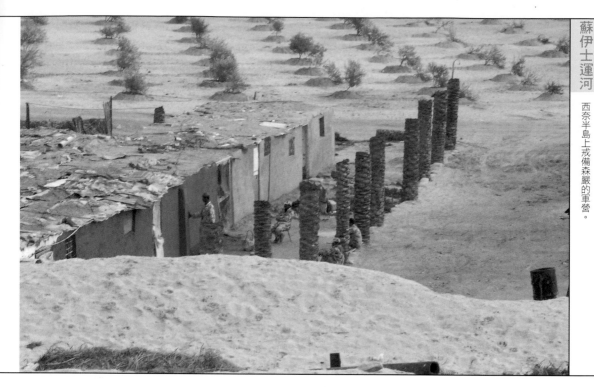

「從剛剛到現在，妳們有看到任何、任何一個人，在蘇伊士運河釣魚的嗎？」他一個字一頓地說。

我們環顧四周，真的沒有。而且在這蘇伊士運河兩岸重兵戒備的情況下，閒雜人等要靠近都很難，怎麼可能釣魚呢？這時我們才恍然大悟，原來穆罕默德只是在跟我們開玩笑呀！他老兄開開玩笑，我們卻認真了。我立刻打電話給穆罕默德，狠狠地跟他埋怨了幾句，他也笑說那真的是個玩笑，因為蘇伊士運河根本釣不到魚。而我們對阿美德的誤會，也在真相大白笑聲中冰釋。

由靈魂和鮮血築成的蘇伊士運河

1869年通航的蘇伊士運河，是東西方海上樞紐，連接歐洲與東非、亞洲的海上捷徑，是國際上最重要的一條航道，每年有世界各國的兩萬多艘船隻通過。這條被埃及前總統納塞爾稱為「由埃及人靈魂、頭顱、鮮血和屍骨築成的」運河，在開鑿當初的125萬埃及民工中，有12萬人被活活累死，而建成後卻被殖民統治者長期把持。英國曾在1882年出兵佔領埃及，控制了整座運河的航運權。經過長期反抗，終於在1954年10月19日迫使英國政府同意從埃及撤軍。埃及人民真正成為蘇伊士運河的主人。但由於戰爭和以色列佔領西奈半島的影響，蘇伊士運河一直時開時閉，無法正常穩定運作。1973年10月，以埃爆發戰爭後，埃及才收復了西奈半島，並且控制

了運河。在重新整修之後，蘇伊士運河終於才在1975年又重新向國際社會開放。

與回教司機的爭論

　　「為什麼回教女人一定要包頭巾？」「回教男生都真的娶四個老婆嗎？」這些問題從進埃及起就不斷在我心中出現。很想聽聽當地人怎麼說。所以我把我的疑問向阿美德提出來。

　　「依照回教教義，我們可以娶四個老婆，不過我目前只有一個。因為娶老婆也是要有財力的，哈哈！」。「其實這樣的制度有存在必要。如果今天一男一女結婚，但女方有問題，沒辦法生出小孩來，那個男的該怎麼辦？這時候可以娶其他的老婆就很重要……」他笑說。聽到這裡，我不禁回說，難道老婆的作用只是生小孩的工具？那如果有一天出問題在男人，那女人也可以以生育之名嫁四個老公囉？「當然可以囉！」他回答得倒很輕鬆。對於頭巾，他也有話要說：「包頭巾是為了保護婦女的安全，假設有一天你到了非洲，看到赤身裸體的女性，你會很想去抱她親她，這是自然反應。但如果全身包裹起來，就不會。」他的回答激怒了我。難道男人就不能夠控制自己嗎？用關心對方安全為理由，要求另外佔了一半人口性別的人包裹起來，這整體的問題應該不在女人吧！「那你會要求自己的女兒包頭巾嗎？」我繼續問。「我會分析利弊得失給她聽，然後讓她自己做選擇。」「同樣做選擇，有可能通往天堂，也可能通往地獄。我會希望我的女兒能夠做出對自己好的選擇，但我不會強迫她選擇哪一邊。」他的回答還是不能讓我很滿意。因為從小開始的教育與當地的文化，小女孩其實在十幾歲開始就會學習到要包頭巾的習俗，我們沿途遇到的小女孩都是這樣。回教的女人看起來還是受到了層層的束縛。我想我應該尊重他們的文化與習俗，但擁有自由當然比別無選擇來得好，所以我很慶幸自己是生在台灣，不用面臨到這樣的問題。

回教徒祈禱與現代科技

　　根據回曆獨特的時間，回教徒每天必須祈禱五次，回教徒祈禱時，無論身在何處，都必須面向位於沙烏地阿拉伯的聖城麥加方向祈禱。祈禱時間到了，通常清真寺也會廣播。但是回教徒到底要如何知道麥加的方向呢？根據我們詢問阿美德，他的回答是：「可問人呀！不過虔誠的回教徒就是有辦法知道」。

　　全球回教徒人口約十五億，有鑑於此，許多商人腦筋動得很快。據說在土耳其行動電話公司開發了一種附有電磁場系統的行動電話，無論持用者身在何處，電話螢光幕上都會正確顯示聖城麥加的方向，此外，還加設了提醒回教徒每天五次祈禱時間的鬧鈴功能，據說能夠發出像清真寺教長宣示教徒祈禱時間已到的口語廣播，生意人的創意真是令人咋舌。

中東篇

2004 Around the World in 80 Days

特拉維夫、海法　戒備森嚴的現代城市

耶路撒冷　三大宗教殊聖寶地

死海　死海漂浮記

耶路撒冷　學做巴勒斯坦菜

耶路撒冷　三大宗教殊聖寶地

親身體驗耶穌「受難記」的苦路 →2004年1月16日 →還剩54天

在耶路撒冷最獨一無二的體驗，莫過於親身去走一趟耶穌基督受難的苦路。耶路撒冷的舊城區，在古老的石牆上，仔細尋找會有一塊塊圓型的銅牌，標明著數字：從一到十四，分別代表耶穌基督受難的過程。這是很多基督徒夢寐以求的朝聖之路，或稱為「悲哀之路」，亦稱「苦路」。

從耶穌基督「被公開審判」、「耶穌基督第一次跌倒」、「第二次跌倒」、「第三次跌倒」、「婦人幫基督擦拭血跡」到「被釘上十字架」、從「十字架上放下」……等。每個地點都有標明出來，鉅細靡遺。我們大約花了一小時走完一遍苦路，心中非常震撼。從小聽過的故事，如今這麼真實地呈現在我們眼前。在耶路撒冷，他們告訴我，聖經上的聖蹟就是發生在這裡！就是這條路，耶穌基督祂曾經揹著十字架走過；就是這顆石頭，祂曾經在這裡跌倒；就是這個廣場，祂在這裡被釘上十字架………整個受難的過程就這樣完整地呈現在我們面前，真實與否，在當下都不重要了。在耶路撒冷，有一塊石頭的平台，耶穌基督被釘死在十字架上後，被攙扶放在這塊石頭上。我們靠近一看，一群虔誠的基督，將隨身的十字架放在石頭上，沾染著上面的聖水。然後再小心翼翼地捧回去，隨身配帶。每個人虔誠的表情，就彷彿當下正面對著殉難的救世主。

我沒有特別的宗教信仰，從小到大，宗教不是我的重心。雖然偶爾會跟著長輩到廟裡拜拜，也跟著基督教朋友一起上教堂，或是試著去閱讀金剛經、聖經、易經、甚至種種新時代思潮的書籍……但大部分都是抱著了解與研究的心去接觸，並希望在經典中找到一些人生的智慧；因此實際上，我並沒有真正打開宗教信仰之門。

雖然我相信在人類之上必定有一種力量，也許是神，也許是佛，或稱之為道，或是超自然力量，甚至是天地之心……主宰著宇宙的運行，或是自然的規律；但大多時候我還是比較相信「自己」能夠主宰自己的命運。沒有特別深刻宗教信仰的我，來到基督教、天主教、回教、猶太教視為聖城的耶路撒冷，看著這麼多信仰虔誠的人，他們全心全意的把自己交付給神，每天的生活幾乎與信仰密不可分——真的感到非常震驚與不可思議！

哭牆前的淚水

來到耶路撒冷，當然要來見見另外一個舉世聞名哭牆。長久以來，流浪在世界各地的猶太人總會回到這面牆前緬懷與祈禱。由於這面牆染上了猶太人太多的苦難和昔日歷史的光榮與滄桑。到此牆前的猶太人，幾乎無

耶路撒冷

耶路撒冷——哭牆。

不掉淚。也因此而得「哭牆」的淒美之名。

因為情勢敏感，目前哭牆前都有以色列士兵駐守，以防範恐怖攻擊。要靠近這堵牆，得經過層層檢查，且男女需分開為不同的兩排。男生還必須戴上帽子，以示禮貌。我們小心翼翼靠近這堵牆，只見我左邊的猶太婦女，眼眶泛紅，頻頻拭淚；而右邊另一位婦女，則一手撫牆，努力地壓抑著，但實際上已泣不成聲。四周不斷響起嗚咽低泣，除了少數的外國遊客之外，幾乎在場的猶太婦女全都在啜泣！感染到這股強烈的情緒，我的眼眶也跟著微微濕潤起來。 究竟是怎樣的傷痛和委屈，讓這麼多的人，聚集在這面牆前面，不斷地哽咽哭泣？余秋雨在《千年一歎》書中形容說那是因為『國家亡了之後，回到故土，只看到一堵廢墟，能不哭嗎？』

以色列這個命運乖舛的猶太民族總算在二次大戰之後建國，擁有了自己的國家，這是猶太人期盼很久的夢想家園。 在建國之後的五十多年，以色列仍是世界上最不和平的國家之一，不同種族、不同宗教信仰間的衝突，導致不斷惡性循環的仇恨與衝突，我看著牆上縫隙中密密麻麻祈願紙條，代表著一個個的祈願。但願這堵牆，能真正撫平這個民族千年的悲慟。 因為哭牆禁止拍照，一般的訪客只能站在對面的陽台上與哭牆合影。而我們也遠遠地與哭牆合影，因為不帶任何苦難，反倒像是在悲痛的遠親家門口，無憂嬉遊的兩個小妹妹。

耶路撒冷——大馬士革門市集，各類民生物品應有盡有，不過幾乎都是made in china。

神聖的傳聞

1.有些傳聞很有意思，像是「哭牆哭了」的新聞時有所聞。最近的一次發生在2002年6月29日，前來哭牆祈禱的民眾發現哭牆的巨大石磚間隙在滴水，在牆上留下一塊40公分長，10公分寬的明顯水漬，引起議論紛紛。

哭牆在哭泣嗎？如果是，是甚麼意思？我看到的報導中，有人認為這不過是「哭牆上面生長的植物蘊含的水分滲出造成的水痕」。但也有人相信這是一個現代的神蹟。猶太教拉比佛洛曼更大膽預言：「人人皆知的預言說，當牆壁的石頭冒出水來，是彌賽亞降臨的前兆。」他說：「也許上帝正開啟通往和平的道路，人民將有感應，朝此方向前進。」比起科學的解釋，也許人們更願意相信這是通往和平的徵兆也不一定。

但當我拜訪哭牆時，曾經仔細檢視牆面，並沒有發現任何的水痕；對於無緣目睹這一神蹟，心中頗感失望。

2.據說以色列耶路撒冷的郵局每年都會收到來自世界各地，用各種語言寫成的信件。這些信件上的收件人都只寫著「上帝」，這可讓郵差們頭痛不已。為了處理這些愈來愈多要寄給上帝的信件，他們只好特別開放一個架子來放這些信件，最後還會幫忙把信塞進「哭牆」的石縫裡頭，也算是幫這些人的心願轉達給上帝知道了。

我們在耶路撒冷的簡介資料上，還看過一隻據說可以「傳真給上帝」的傳真號碼。看來這個聖城耶路撒冷，似乎比世界上任何其他城市更能上達天聽。

耶路撒冷的青年旅館

我們在耶路撒冷住的地方，是一家有80年歷史的青年旅店Faisal Youth Hostel（Hanivim St. No.4, East Jerusalem Tel：026287502。通舖20舍克/天，加網路使用則是35舍克/天；雙人房則為100舍克/天　1舍克＝8台幣）。旅館靠近大馬士革城門旁，旁邊還有一個很大的阿拉伯人市集，位置絕佳。

當地朋友山米帶我們找到這家旅店的時候，我們發現這裡的人似乎都怪怪的，工作人員是一個跛腳的怪叔叔；好幾間房都是所謂的公共空間，每道門都是敞開的，裡面諸多旅行者正翹著腳丫子在看書。

這裡的硬體設施不算很好，但是符合旅行的冒險與期待感——充滿異國風情、破爛卻門庭若市的交誼廳，裡頭坐滿來自各國的年輕旅人。一組已經發黑的沙發，牆上佈滿五彩塗鴉；仔細端詳，還有一幅民眾向士兵說「Don't shot me！」的壁畫；也有很多看起來具有科技感及後現代感的繪圖，第一時間就讓我聯想到平克・佛洛依德的音樂。各種有趣的人，看起來真有臥虎藏龍的感覺。

尤其是這家旅館的老闆塞德，頭光到發亮；仔細一看，還真有點像「駭客任務」裡的羅倫斯費許本。該不會他真的有超能力或是什麼秘密任務？身兼三份工作的塞德（計程車司機、民宿老闆，以及修理房子，而修理房子才是他的主業）作風明快，個性直爽。第一天知道我們環遊世界的計畫，就不時抓著我一直追問旅程中的細節，顯得非常感興趣。而我們後來去死海也是就近僱用他的車。

旅館養的虎斑貓「米西米西」則是最好的公關小姐。最喜歡來我們房間玩。玩累了就大剌剌地躺在我的大腿上睡覺。有了這隻可愛的小貓咪，加上這麼獨特的風格，我和妹妹一致決定給這家青年旅館「五顆星」。

耶路撒冷舊城區

從我們的住處走2分鐘就可以到古老的大馬士革門前。這裡是阿拉伯人區，具有濃厚的中東風味。從龐大的大馬士革城門進去，是耶路撒冷舊城區，裡面交錯著密密麻麻的小巷，整個區域都是熱鬧的市集。賣烤肉串的小攤販、地毯商、五顏六色的香料店，以及販售琳瑯滿目甜點、形狀特別的麵包，還有各種記念品的小店家。

賣烤餅的婦女蹲坐在路旁，賣襯衫的小弟用擴音器嘶吼叫賣，水果攤展示著各式水果——橘子、香蕉、西洋梨、還有椰棗、無花果等等；唱片行播放著古蘭經唱片，吟哦的聲音迴盪在古老的城區。這裏的女人清一色包著頭巾，有的甚至只露出一雙眼睛，長長的睫毛，深邃的眼眸透露出神秘的氣息。

偶爾一兩個猶太教教士走過，穿著我們從未看過的服裝，高高的黑色帽子與兩條長長的辮子，讓我和妹妹驚嘆不已，捨不得移開目光。

除了猶太人之外，還有一種人也非常醒目，就是以色列軍人。他們看起來年紀非常輕，有的看起來才十幾歲，三三兩兩揹著槍在舊城中走來走去，讓人無法忽視他們的存在。想到耶路撒冷是以色列最多恐怖攻擊的地點，不自覺就打了個哆嗦。我和妹妹不時留意左右，看有沒有行跡可疑的人帶著不明物體接近，並且做好隨時拔腿就跑的心理準備^_^

耶路撒冷

右：耶路撒冷金頂清真寺，又名聖岩清真寺。

左：耶路撒冷舊城區。

耶路撒冷

右：以色列友人——安傑（左）與賽德（右）。

左：耶路撒冷舊城區。

死海　死海漂浮記

壯闊的以色列山河 →2004年1月17日 →還剩53天

選了一個天氣晴朗的午後，我們搭上塞德的車，開始了死海之旅。出了耶路撒冷市區，車子行經過起伏的丘陵，沿著地勢上下穿梭，景致多變，分秒不同。

原野上一片荒漠，偶爾上面會冒出植物，或是以色列人在荒漠中創造出來的精緻農業；有時會出現不同於荒漠的色塊，不是羊牛群，就是一片橄欖樹林。

整片原野層巒起伏，連綿不絕，一望無際，在夕照下，反射著金色磷光。這樣一片黃金大地，美得理所當然，美得懾人心魄，美得簡單純淨。腦海中真想不起該用什麼音樂搭配這樣的場景。或許該是布蘭詩歌壯闊的開場，或許該是命運交響曲，或許該是可蘭經的悠揚吟唱……也許不需要任何音樂，就是這樣一片寧靜，偶爾配上一陣呼嘯的風聲……

這裡是摩西出埃及之後踏上的家園。這位猶太人的先知曾率領族人，用幾十年的光陰流浪在這片荒蕪的原野中，尋找心中「流著奶與蜜的應許之地」；這裡是阿拉伯游牧民族貝都因人流浪的土地。

幾千年的日昇日落之間，牧人們流浪於其間；這裡曾是回教最輝煌的文明腹地；這裡是十字軍東征時經過的地方。離此不遠的原野中有個地方，曾經傳說：「神的兒子耶穌基督誕生在那裡，蘊育出影響現在全世界最多人口的宗教信仰……」；此外，全人類最古老的城市耶利哥也在此。

不過因中東緊張情勢而被封鎖，使古城更加凋零殘破。靠近死海的地方，更是著名的死海經卷的發現地，近年一位牧童在某個洞穴中發現了這批珍貴的文獻，透露了連接舊約與新約聖經的重要線索。

車越行近死海，景色就越荒涼。塞德指給我們看，在山坡路旁的一塊石碑上，寫著SeaLevel的標示，這裡就是海平面的高度了。接著車子不斷向下疾衝，往右邊看，是一片又一片黃色的岩山峭壁，在夕陽的照射下呈現令人屏息的火紅。大塊巨岩就如同被斧頭劈開一般筆直；往左邊看，只見茫茫蘆葦中，籠罩著一片濛濛的霧氣，開車的旅館主人指著那一片霧氣說：「看啊！那就是死海了！」

死海（Dead Sea）是地球上最低的水域；低於海平面約400米。位於以色列和約旦之間，是個內陸鹽湖。既然名為死海，裡面生物由於33%以上的高鹽分，早已經完全死寂。放眼望去，這時唯一存在的生物，恐怕就是漂浮在上面的一名戲水男遊客了。

　　眾所週知，因為它的高鹽分，浮力很強，也因此每年有數以萬計的遊客來此體驗「漂浮」的樂趣。妹妹因為感冒未好不宜下水，而我則早已把養兵千日的比基尼拿出來，準備去感受那「漂浮」的感覺！

　　環顧四周，更衣室在岸上遊客中心裡，離海邊太遠；換完泳裝後還要穿越眾目睽睽的遊客，實在有點尷尬。所以我就找一個四下無人的岩石後方，叫妹妹把風，匆匆換上泳衣。一切就緒，我一鼓作氣，踩著充滿粗鹽結晶的岩石，奔向大海。

我不要當鹹蛋超人──鴨子划水硬撐

　　1月是以色列的冬天，天氣有點涼；但進入水中竟發現死海的水是溫暖的。這裡的海水在我身上形成一層滑滑的黏液，濃稠的程度就像泡在一池洗髮精中。我好奇地用舌頭輕輕舔了舔海水──真是奇苦、奇鹹，嗆得我直把口中的口水往外吐，想必這是因為富含鉀鹽及其他礦物質的緣故。

　　我慢慢走入水深處，腳底竟感覺輕輕的，果真自動浮了起來，這時我索性往後一坐，輕而易舉，真的不會往下沉，明顯感覺自己變得好輕。哈哈哈！好奇怪的感覺，不藉任何外力幫忙，就能輕而易舉平躺在水面上，真過癮！

　　海水輕輕將我托起，但要非常地小心將頭部舉起，避免讓海水接觸到眼睛。因為聽說高鹽分的水，會讓眼睛接近失明狀態，而且在兩天之內，雙眼會腫大得像鹹蛋超人一般。所以事實上，我很努力地運用腰力及手腳保持平衡，並沒有像表面上看來那麼悠閒。

　　這個經驗難得，妹妹拿出像機打算拍照。不過說到照相的姿勢，很多旅遊書上的照片與明信片，幾乎清一色顯示死海是一個很好的閱讀場合。因此來到死海漂浮的觀光客，也都會入境隨俗地拿起書本裝模作樣一番。殊不知這是鴨子划水，表面無事，其實小腹和手腳都很吃力地在硬撐著。

被遺忘在寂靜的外星球上

　　照完相，靜靜躺在水上，漸漸開始愛上這種浮著的感覺。死海真的很美，尤其當夕陽西下，殘餘的陽光映照在水面上，引動蒸發的水氣繚繞整個湖面。水面出奇的沉寂，波瀾不驚，真恍若置身雲霧之中，如夢如幻。死海上的空氣是世界上最純淨的，比一般海面上的含氧量高出百分之十。而死海的海水，自古以來，更是有醫療保健功效。上岸後，我發現岸上的岩石造型各異，白白的鹽花覆蓋其上，像是結冰的石頭。遠眺湖的另一端，可以看見約旦國高聳的山壁。

　　此時此刻，突然感覺，我好像在一顆被遺忘的星球上。疊疊叢巒的山谷裂縫裡，一灘小湖泊上，躺著一個小小的人；而一旁的岸上，又蹲著另外一個小小的人……時間似乎靜止，我們也被遺忘在一個寂靜的角落裡。

　　司機塞德前來催促，打破了我的胡思亂想。天色已完全暗了，皮膚也泡得皺巴巴的。飽餐美景後，心滿意足地上岸，沖洗一番準備回家。美好的景色有時短暫一瞥已經足夠！ 環遊世界到現在，我們必須一直在最美的景物中不斷選擇與離開；這似乎跟人生一樣，如何在你選擇與參與的場景中，全心投入，那才是比較重要的吧。我對死海漂浮經驗終生難忘。妹妹也對於買到正宗的「死海泥面膜」雀躍不已。我們姐妹倆，快樂地告別美麗的死海，在滿天星光下，回到耶路撒冷城。

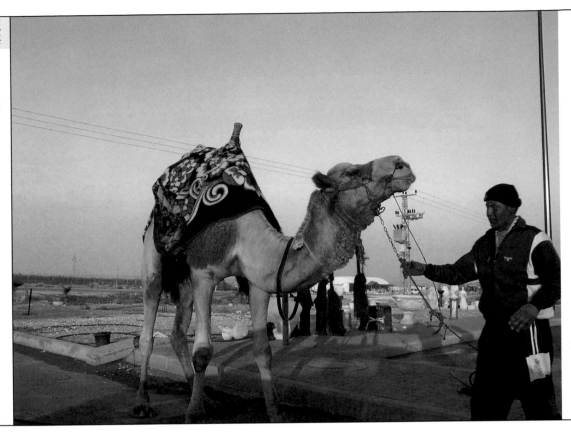

關於死海的傳說

死海有一個有趣的傳說：「公元70年，羅馬軍東征統帥狄杜，欲處決幾個被俘虜的奴隸，命令將他們投入死海中淹死，但這些被投到湖中的戰俘卻沉不下去，如此反覆幾次，狄杜以為有神靈保佑，就赦免他們。」

這些戰俘真是福大命大，命不該絕，剛好被投入這個世界上最難下沉的湖中。想到那個古羅馬將領滿臉錯愕，以為神蹟出現的畫面，頓時覺得非常好笑。

另外一個較廣為人知的新聞，就是死海正面臨「日漸死去」的危機。據統計數字顯示，目前死海海平面每年下降約1米；如果這種現象不停止，死海將在數十年內真正「死」掉。現在以色列及約旦當局，正計畫從紅海興建引水渠道，注入死海，以挽救這個危機。希望這個計畫能夠成功，否則到我們子孫的時代，就享受不到這樣的奇妙經驗了。

耶路撒冷　學做巴勒斯坦菜

巴勒斯坦之Up-side-down →2004年1月18日 →還剩52天

　　我們青年旅館的廚房，剛好就在住房隔壁，吃飯時間我們可以觀摩到各國的菜餚，其中最難忘的，是看到巴勒斯坦青年安傑（Amgad），在做一種他們的家常料理「Up-side-down」，因為越看越有趣，乾脆用隨身的DV記錄下所有的過程，而安傑也大大方方的對著DV介紹了所有的流程，來一段料理現場教學。「Up-side-down」是一種菜飯，首先要將用香料煮過的雞肉放入大口鍋中，接著放入炒過的蔬菜，最後再放入米飯，並在米飯中調入幾種香料。等到烹煮完成之後，最精彩也最見廚師功力的時刻就來了，要很有技巧地，整個將鍋子倒扣在大托盤子上，輕輕敲打，再將鍋子緩緩拉起，這時候上面覆蓋雞肉、中間鋪著蔬菜的三層飯就出現了。而且要整齊均勻、不硬不軟、維持鍋子的形狀才算合格。在眾人的鼓譟與歡呼聲中，安傑的「Up-side-down」以漂亮的形狀在拖盤上露臉，並且維持了形狀達二十秒之久，據說這樣算是蠻成功的。迷人的蒸氣混著雞肉的香味，引起一群人圍觀覬覦。在慷慨主人的邀請下，在場的人都加入分食的行列，這個「Up-side-down」真的很好吃，吃起來很像西班牙的傳統料理平鍋菜飯，但又另有一番風味。吃的時候還要配白色的優格一起吃，感覺更爽口。雞肉滑Q，米飯金黃，蔬菜本身的味道也很協調，這些食材其實很簡單，但訣竅是他們調味時所加入獨門的香料，帶動食物的美味。

　　吃著吃著，大家圍著長桌聊起來。這些人中，有目前在發展有機園藝與農業的美國女孩，（她介紹自己的職業是農夫）、有旅行過四十八個國家的日本男性，從三十幾歲開始旅行世界、有日本NHK的藝術節目製作人、有來自英國的旅遊攝影工作者；安傑是全球第一品牌的飲料公司在耶路撒冷的負責人，同時也是旅館老板塞德的小舅子……大家介紹各自的背景，交換旅行的情報，同時還交換對以色列的感受。飯後，大家轉到客廳，圍在柱狀的小火爐旁繼續聊，來自英國的攝影師Lesley，曾拜訪過以色列非常多的地方，在她分享給我們看的照片裡，有著濃濃的人文關懷。其中有一張照片，是一位可憐的母親，她的女兒剛被軍隊槍殺，在Lesley拍照時，那位以色列母親就只能坐在床鋪上，終日對著女兒照片流淚……大家看完後都沉默了。安傑分享了一個親身的故事，有一次，他到一個很好的以色列人朋友家作客，正在吃飯時，電視上播放出一則恐怖攻擊的新聞，以色列人死傷慘重。在場他是唯一的巴勒斯坦人，頓時全場安靜無聲，氣氛非常凝重。突然，朋友的媽媽起身，走向前去，啪一聲關掉電視，對他說：「孩子！你好好的享受晚餐，我們都是一家人！」他說，他永遠

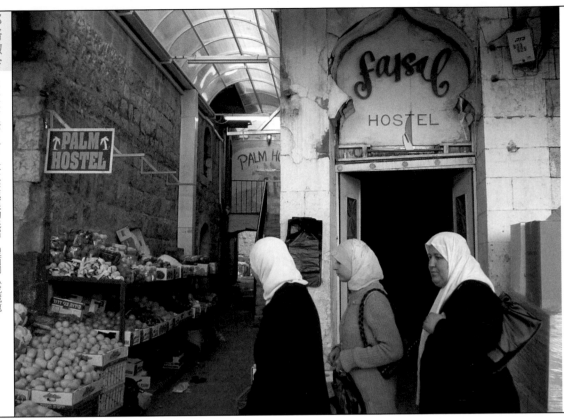

耶路撒冷

耶路撒冷民宿入口，不怎麼起眼的民宿，裡面卻臥虎藏龍。

忘不了那個場景，以及朋友媽媽的仁慈與智慧。表面看似平靜的地方，其實一點都不平靜。火爐旁的長談，讓我對以色列這個國家，有了另外一種認識。

回教女人與頭巾

　　隔天一早，吃早餐時我遇到了旅館的老闆娘，就是塞德的老婆，安傑的姊姊。她包著頭巾，裝束打扮就像這裡其他的阿拉伯女性一般。回想起在埃及曾經因為頭巾問題，和埃及導遊有過一番爭辯，很自然地，我和她聊起這個話題。她的回答打開了我的疑問。她說，也許有人是因為被強迫一定要包頭巾，但她完全是出於自願，沒有人要求她。兩年前她開始包頭巾，完全是因為信仰，因為她愛阿拉，愛她的神，所以這樣做讓她感覺很自在。她的姐妹裡，兩個選擇包頭巾，兩個不包。看著她真誠的笑容，我慢慢瞭解到，在遇到和我們不同的文化時，應該要很小心避免用自己的經驗去揣測別人，以前我總覺得回教國家的女人很可憐，從小到大，必須小心翼翼地將自己包裹到只剩臉和手，除了老公之外，誰也不能看到她真正的面目，在開羅我們半開玩笑的試著包裹頭巾，但

耶路撒冷

右：耶路撒冷城外烤肉攤。

左：猶太教成員的裝束。

如果要我一整天都帶著這個束縛，我想不如殺了我還比較痛快。也許出不同的宗教、不同的文化背景，她們的選擇自有道理存在，妄自論斷是非很容易失於偏頗，並且暴露出自己的無知。

我們聊了一個小時，我完全可以感受到她對阿拉發自內心的虔誠信仰。在她的極力慫恿下，我前往拜訪她口中「非常有力量」、「最神聖」的伊斯蘭教聖殿——金色屋頂清真寺，在檢查哨口前，竟意外遇到鄧代表、趙秘書，以及參訪的一行人，其中甚至還有一位旅居耶路撒冷多年，博學多聞的牧師。雖然非教徒不能進到清真寺內部，所以我們沒能見到傳說中穆罕默德升天的那塊石頭，但是清真寺的建築還是很壯觀。

再問我一次來以色列的目的吧！

離開的那天晚上，塞德與安傑來送行。

開往機場一路上，經過層層的安全檢查哨，每一站都是荷槍實彈的士兵，搜索行李，檢查機票與證件之餘，還不忘記反覆盤問「來以色列的目的為何？」而安傑也不忘亮出他的工作證件，證明同車的是有正當職業

耶路撒冷

耶路撒冷舊城區。

的人，希望藉他的身分幫我們更順利通關。

　　進了機場之後，層層安檢才開始呢！表情嚴肅的年輕工作人員，行李一件一件翻出來搜索，還把我們的筆記型電腦研究了又研究，反覆盤問電腦的價值，還要我們保證在這幾天內，除了我們沒人接觸過這臺電腦，才在電腦上貼上通關的貼紙。曾經有朋友攜帶的數位產品電池全部被沒收，因為懷疑有改裝炸彈的可能。而我買的小型水煙壺紀念品，因為內層有微量不明粉末，被一段段拆開，最後還送去化驗才過關。

　　每一關檢查人員都會問一次：「來以色列的目的為何？」連續被問了十幾次以後，再回答「Sightseeing」（觀光）時自己也覺得很好笑，我知道他們是為了乘客的安全著想，但如果真有不軌意圖，難道會有人會當場回答「賣淫」、「運毒」、「走私軍火」，或者「恐怖攻擊」嗎？沒關係，既然來到以色列，一切依法行事，我們樂意配合規定。

橫越印度篇

孟買　孟買風情畫──印度的古老門戶

布罕浦　尋找科比村

阿拉哈巴德　恆河賞景驚見浮屍

捷布　荷包大失血

加爾各答　穿紗麗接受大老闆款待

孟買　孟買風情畫──印度的古老門戶

→2004年1月20日 →還剩50天

　　『街上人來人往、除了歐洲各國的人之外，還有戴著尖尖小帽子的波斯人、纏著頭巾的印度商人，戴著方形小帽的信德人、穿長袍的亞美尼亞人，戴著黑色法冠的帕西人──即瑣羅亞斯德教派的信徒，他們是所有印度人當中，最勤奮、最開化、最聰明、最刻苦的族群。其中更不乏孟買當地的富商。』摘自朱利凡爾納《環遊世界80天》

　　事實上，我們剛到印度時，完全分辨不出波斯人、信德人、亞美尼亞人，以及帕西人的差別的。我們只是睜大眼睛看著來來往往的人潮，像是劉姥姥進了大觀園。而首先吸引我們注意的，是女人的打扮。這裡大部分的女人，不論貧富老少都穿著紗麗。走起路來，裙襬搖曳，長披肩隨風飄蕩，風情萬種，婀娜多姿。剛開始我們看著來來往往的紗麗女郎，總覺得她們那樣的打扮好像在演電影，很不真實，但那的確是她們日常的穿著。

　　當我們的印度女導遊賈詩妮（Jayashnee），穿著一席蘋果綠的連身長裙和白色披肩出現在我們面前的時候，我們每個人都覺得眼睛一亮。她負責帶我們第一天在孟買市區觀光，肩負著要在一天內帶我們了解孟買的重任。

　　她從印度閘門（Gateway India）帶我們搭船，抵達愛利芬塔島（Elephanta Caves），又稱象島。這個島在《環遊世界80天》故事中曾被提及，但當時他們並沒有時間參觀。

　　象島應該改名叫猴島才對，島上的野生猴子成群結隊，非常剽悍，一不注意搶了妹妹的可樂罐拔腿就跑，動作迅速敏捷。在島上看到頂著水壺的印度女人可是不能隨便拍照的，因為拍完照她們會馬上伸手跟你要錢。

　　參觀過島上神秘的印度教石雕和岸邊的木造白帆漁船之後，我們搭船返回印度閘門。在船靠岸時，看著岸邊雄偉的印度閘門，還有旁邊壯麗的泰姬瑪哈飯店建築，我彷彿可以了解孟買，作為航海時代西方到印度門戶的昔日榮光，以及與歐洲接觸的歷史中，所扮演的舉足輕重地位。

萬能觸犯禁忌的印度教聖殿

　　環遊世界80天故事中，僕人萬能有一段悲慘的遭遇：

　　「當他經過馬拉巴山丘上那座宏偉的寺院時，竟又心血來潮想要進去瞧瞧，有兩件事情他並不知道，第

孟買的露天洗衣場，清一色都是男生在洗衣服喔！

一，有些印度教的寺院嚴禁基督徒進入；第二，就算是信徒本身要進入寺院，都必須先脫鞋。」「萬能不懷惡意地欣賞著這座裝飾得金碧輝煌的寺院內部。突然間，他一下被撲倒在聖殿的地板上。三名眼中燃燒著怒火的僧人衝上前來，脫掉他的鞋子和襪子之後，就開始痛毆他……。」

纏著導遊要求她帶我們到達馬拉巴山丘上的印度寺廟（不知道是不是故事中那座，導遊說是），我們一行人畢恭畢敬地脫下鞋子，入內朝拜。裡面果真裝飾得金碧輝煌，忍不住舉起相機按下快門，突然聽見左邊傳來很大聲的「Excuse me！」喔，不！難道我們也觸犯了什麼禁忌嗎？不要打我……本能地擺出防衛姿勢彈跳開來，向聲音來源看去，卻看到一個表情無辜的信徒，原來是我們擋到了他的路，他只是要向我借過。

走入旁邊的廳房，賈詩妮在我們每個人的眉心，點上了黃色的蒂卡，每個人好像瞬間都變得很有智慧了。但是在印度，很多寺廟仍是不許非印度教徒進入的，更別說是隨意攝影了。

露天洗衣場

接著，我們來到孟買的露天洗衣場，這真是個令人印象深刻的地方。幾十個壯丁，有的上身赤膊著，不斷對著衣服用力甩打，劈哩啪啦的聲音此起彼落。錯落的洗衣台，就像一格格的鴿子籠大小，這種每天要洗幾百

件衣服的粗重工作，因為太耗體力，幾乎清一色都是男性洗衣工人，洗的衣服都是來自醫院或者是公家機關的制服，我不解的問導遊，為什麼他們不用洗衣機呢？導遊笑笑說，在印度，很多家庭都有洗衣機，但這樣的衣物因為量太大了，洗衣機洗不完，所以還是用傳統的方法，才能消耗這樣大量的待洗衣物。

孟買機場驚魂

1月20日凌晨3:00，一踏進孟買機場，哇塞！人超多的。

一顆顆等候接機黑壓壓的人頭，清一色都是印度男生，而且全部都毫不客氣直盯著妳瞧，有的看起來還不太友善。三更半夜，這樣的印度初體驗，很多女性旅行者都會被嚇得屁滾尿流啊！我們到的時候，也經歷到這樣的場面。因為接機者遲到，我們推著車在一堆人頭前面繞過來又繞過去，還好我跟妹妹這種陣仗見多了，

「愛看我們是ㄅ，哼～就給他用力看回去！」

環遊世界80天的印度之旅

我們的印度之旅路線為：

孟買Mumbay→布罕浦Burhanpur（尋找科比村）→阿拉哈巴德Alahabad→德里Delhi→捷布Jaipur→阿格拉Agra→瓦拉那西Vanarasi→菩提迦耶Bodhgaya→那爛陀Nalanda→巴特那Patna→加爾各答Calcutta

非常高興的，橫越印度之旅有兩個陪走的生力軍——好友Mei和Ivy。她們兩人利用過年的假期，放下工作到印度和我們會合。Mei是我的高中同學，目前從事房屋買賣方面的工作。Ivy則是妹妹以前的同事，現在從事成衣方面的工作，有她們同行，沿途真是樂趣多多。

此行我們是要像故事中的佛格和萬能一樣，搭火車橫越印度，我們的路線會經過很多觀光客不會到達的地方，但一般遊客常去的旅遊金三角地區（德里→阿格拉→捷布），我們也不想錯過。幾經比較之下，我們選擇了印度火車通行證（Indrail Pass AC 15days /USD185），作為我們移動的主要交通工具，長程路段可順便利用火車臥鋪節省時間與住宿費，可說是一舉兩得。

另外，在印度最方便的移動方式是雇車，並且同時僱用導遊，因為通常司機都不太通曉英文。在旅行社朋友的協助之下，我們事先在幾個主要的地點也有完善的安排。

印度的服裝

印度的服裝仍保有強烈的民族特色和傳統文化，令人驚艷。

女人穿紗麗（Sari）：印度女性的傳統服裝，是用一塊長達三公尺的布把身體包裹起來，利用紮、裹、圍、纏、披等方法，做出各種不同的變化。一般而言，紗麗穿法因印度種族、地區、信仰的差異也有不同。

孟買泰姬瑪哈陵飯店。

　　男人多變化：在孟買，有大約一半以上的男人，襯衫加上長褲，打扮跟其他國家的人沒有兩樣。但另外一半的人就不同了。有各種奇怪的裝束，我們也是過了好幾天以後才能漸漸辨認出不同處；包著頭巾的是錫克教徒；穿著寬大袍服戴小圓帽的是回教徒或祆教徒；偶爾出現赤身露體，蓄著長髮骨瘦如柴的，據說是祁那教的僧侶；額頭上有點一個紅色蒂卡的是印度教徒……

印度的東印度公司

　　《環遊世界80天》一書中提到印度的「東印度公司」，其實它正代表著印度被英國殖民的滄桑歷史。

　　在工業革命之後，機械化帶來生產過剩。亟欲尋找市場的英國，來到了廣大的印度，此時的印度，在蒙兀兒帝國滅亡之後，土邦林立。印度東印度公司就在孟買成立。東印度公司從貿易目的，漸漸成為殖民統治的前

鋒。到了1857年，印度成為英國殖民地。

　　至於這個東印度公司有多大的權力呢，翻開史料上有驚人的記載，例如東印度公司曾經計畫將泰姬瑪哈陵拆成一片片，銷往歐洲，只因為上面精緻的鑲嵌大理石與寶石非常受歐洲人喜愛！另外，從十九世紀末，從印度出口的物產中，出口量第一名的竟然是鴉片，而這些鴉片幾乎全數銷往鄰近的中國，這為東印度公司牟取了暴利。

　　而領導印度脫離英國人的統治的，就是聖雄甘地。甘地曾發起「不合作運動」抵制英國，他的一生儼然就是印度民族獨立運動歷史的縮影。

布罕浦　尋找科比村

→2004年1月22日 →還剩48天

『上班達肯的這一整片地區，平時遊客極少，住在當地的狂熱份子依然施行著印度教最可怕而殘酷的儀式。英國的統治勢力無法遍及這塊依舊受土王所控制的土地，而這些土王藏身在文迪亞嶺的深山中，真可謂鞭長莫及。』～1873 朱利凡爾納《環遊世界80天》

神秘難尋的科比村

在《環遊世界80天》故事中，有一段知名的情節——故事中費南斯佛格與萬能這對主僕，在橫越印度時遇到鐵路中斷，他們騎著大象穿越叢林，偶然間營救了一位美麗的印度女子，這樣的冒險情節，也是這本書中最吸引我的地方。故事中蠻荒不毛的地區，叫做科比村（Kholby Village）。

「科比村」所代表的是西方人眼中最神秘不可測的東方，是印度中部蠻荒未開發的位置，這個地方到底長什麼樣子？多年以來一直「好想去看一眼」，這個莫名的渴望，也成為我對印度之行最大的期盼。我不知道這個地方在哪裡，該怎麼去？經過了130年，這個地方有沒有什麼改變？在某些原始地區，還有美麗的印度女子被迫殉夫的風俗嗎？

我在地圖上標出大概的位置，根據朱利凡爾納的描述，這個地方位於布罕浦與阿拉哈巴德之間，大約距離阿拉哈巴德五十英里處，大概靠近羅塔站十五英里的地方，我在密密麻麻的英文地圖上，沿著鐵路線，反覆尋找可能的地名。沒有！沒有一個看起來像是科比村的地名，也沒有看起來發音相近的地點。也難怪，都130年了，物換星移，印度都已經脫離英女王統治獨立建國了，也許地名全都不同了。問過非常熟悉印度的朋友德姊，她說從沒聽過這樣的地方，她幫我詢問當地的旅行社，當地人也沒有確定的答案。所以在出發之前我做了一個安排，先想辦法到布罕浦與阿拉哈巴德這兩個地方，再從當地口中打聽科比村的下落，一有消息，就僱車前往。

而好心的德姊一再提醒我們，印度偏遠的小村落並沒有想像中安全，除了可能遭竊遇搶之外，有的小村落甚至相當排外。曾經發生過一位女導遊在某個小村落遭到圍毆的事件，她希望我們能夠特別注意安全。

鞋都來不及穿就跳火車

「嗚！嗚！……剎！剎！……咿！呀！……」火車一進站，一時間彷彿戰爭爆發。月台上的人們拚命衝上火車，邊發出喊叫聲。擠上車的人就馬上撲到座位上，還有人從窗戶爬進去。卡在車門附近的人，互相推擠，還有人伸手把其他的人頭往車外撥。難得一見的奇景真讓我們大開眼界。

我們正從孟買搭火車前往下一站——布罕浦。幸好我們的車廂是屬於事先預約過的AC二等車廂，否則四個小女子拖著大包小包，絕對搶不過這些印度壯漢們。送我們上火車後，我們的司機連再見都來不及說，就匆匆奔下車。此時火車已緩緩移動。後來才知道，印度的火車在某些小站通常到站只停「兩分鐘」，能不能來得及上下車，完全要看個人造化。

「coffee…coffee…coffee…」，「tea…tea…tea…」車廂裡響起小販的叫賣聲，有茶和咖啡，還有一種奇怪的蕃茄湯（辣的），吃的時候還要灑上小塊麵包塊。我們點了咖哩雞，乾巴巴的飯粒醃在辣得頭皮發麻的咖哩醬中，實在難以下嚥，只好拿出事先準備的零食先填飽肚子。

印度火車上面分成兩種臥鋪，一種是貼著窗的，一種則是四人的小空間，我們的位置兩種都有。車廂內咳嗽聲音此起彼落（好恐怖！會不會SARS？），坐我對面的是一對印度老夫妻，額頭上點著紅紅的蒂卡，講的

到阿拉哈巴德可以打聽到消息也不一定。最後，年輕老闆建議我們到當地特別的地方走走，他推薦了五個地點，並且幫我們跟司機談好價錢，500塊盧比成交，不負責任何解說（這裡的司機都不會說英文）。

有眼不識「古井」

當車開出布罕浦市區時，我們四個人突然眼睛一亮。迎面而來一個小村落，彎彎曲曲的黃土路旁，一間一間的矮房屋，女人穿著色彩鮮豔的紗麗，有的頂著各式水桶走來走去，有的坐在門口洗衣服。小朋友們多數光著上身，赤著腳，「Hello~ Hello~」興奮地追著我們的車跑。他們對著我們揮手，當我們說Hello時，他們就開心地哈哈大笑，好像遇見世上最開心的事情。

我們的司機一定認識整個村落的人，因為他忙著跟迎面而來的每一個人打招呼，大家很像參觀稀有動物一樣，看到我們都笑得好開心。村落裡面各式各樣的動物走來走去，黃色的聖牛神氣地在門口曬太陽；母豬領著小豬散步；羊群低著頭忙著吃草；馬和騾子被關在柵欄裏；而我們的車子經過時，真的可以看到「雞飛狗跳」的景象。所有的畫面是這麼生動、活潑又有趣，大家都忍不住搖下車窗向外猛瞧。

司機帶我們去的第一個地方，是一個很像鑽油井的地方，旁邊有一個很深的坑洞。語言不通，他只是指著那口井，憨憨地笑著。難道這是村裡喝水的井嗎？我們也看不出個所以然來，反而被旁邊一整片棉花田吸引，從來沒有看到貨真價實的棉花長在田裡，我們興奮得又叫又跳，奔到田裡拍照，然後又對著兩頭水牛和旁邊的牛車不斷地按快門。看司機的表情，也覺得有趣吧！

第二個地方是一座印度教的廟，我無意不敬，但裡面供奉的濕婆神，橘紅色的臉，看起來真的很像萬聖節的南瓜；第三個是原野上的宮殿，叫做RAJA-CHHATRI AT BORDHA，融合印度教與回教的建築，在曠野上顯得很壯觀；第四個是回教的聖殿Dragh-E-Hakimi，原來昨天晚上我在月台上看到的指標就是這座聖殿，純白的建築，所有信徒男性穿著純白袍服，女性一律淺色系的裝束，配上完全純白的聖殿，在夕陽下顯得非常的美；第五個則是錫克教的聖殿，牆上還陳列著歷代先知的照片。

那位旅館主人推薦我們的，根本是印度各大宗教廟宇之旅，難道到印度旅行，宗教與生活密不可分，所以寺廟是理所當然的重頭戲嗎？

觀光客娛樂當地人

不過說實話，我們也看得不太認真。因為走到哪裡，都有一群人圍著我們。觀光客最大的作用，就是娛樂當地人。很快地，我們發現一種賓主盡歡的遊戲，就是用我們的數位相機幫他們拍照，然後用銀幕顯示出來，通常他們看到自己的樣子都會哈哈大笑，非常開心，然後再找其他人來，要你再幫他們拍。

在一家雜貨店前，我只是拍了一個小學生，他興奮地跑回班上，接著一個變兩個、兩個變四個……司機還沒喝完一瓶可樂的時間裡，我們周遭已經擠滿了一群小朋友，一直要求拍照，再不走，只怕全校都要出動了。

在伊斯蘭教的寺院前，我們因為拍了一個小女孩燦爛的笑容，接著引發了一陣連鎖反應，所有的媽媽都要求加入拍照的行列，紛紛整理紗麗擺出最美的笑容。大人帶小孩，一個拉一個，最後旁邊圍滿了好奇的村民，

布罕浦 一群可愛的女印度信徒。

布罕浦 布罕浦村裡號稱世界最古老的汲水設備——導遊是這麼說的。

右：印度小乞兒。

左：三輪車伕一見我們來，就伸出了手。

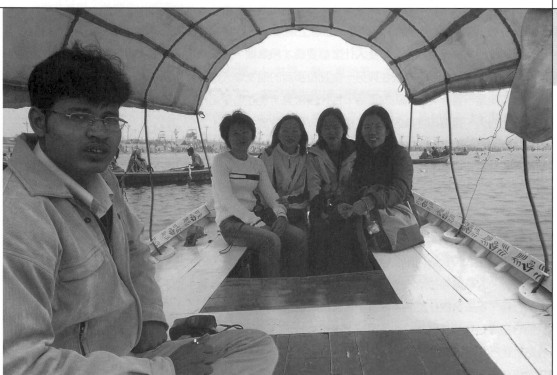

阿拉哈巴德坐人力船遊河。

與錫克教司機共進午餐

印度火車又破紀錄了！在火車誤點三個小時之後，我們終於抵達了捷布。司機阿瑪已經守候在月台上了，讓他苦候三個多小時，我們很過意不去，於是決定邀請他共進午餐。

來到餐廳後，他卻一溜煙不見了，我們遍尋不著，連忙問服務生，服務生回答：「司機有自己用餐的房間，不可跟客人坐。」在我們堅持「他是我們的朋友，我們想邀請他一起用餐」之後，服務生才帶領阿瑪過來。阿瑪一直客氣的推辭，後來才靦腆地坐下。我們請他不要客氣，點自己想吃的東西。但他就只點一盤小小的咖哩配上麵餅，跟我們的食物比起來，顯得很簡單。阿瑪解釋他們午餐都吃得比較簡單。而事實上，在印度，很多餐廳對於帶客人來的導遊與司機都是免費招待的。所以阿瑪一直交代餐廳服務生，不可以把他點的食物計入帳單內，這樣客氣的舉動，也讓我們覺得他是不錯的人。

席間，我們邊吃邊聊。原來阿瑪是錫克教徒，故鄉在印度北邊的旁遮普省，靠近喀什米爾的地方。留著滿臉大鬍子的他，在我們四個女生中間顯得很靦腆。我們拿出了旅遊書籍，指著他的故鄉的圖片，他馬上就笑得很開心。對於他錫克教徒的身分，我們自然不會放棄機會問一堆問題。

「你的鬍子是因為信仰而留的嗎？」「對！錫克教徒的男性都要留鬍子的。」

「那為什麼你沒有包頭巾？還有為什麼你沒有留長髮？」我們邊翻著印度宗教介紹邊問。

「因為工作的關係，所以我沒有完全遵守，但大部分的錫克教徒都包頭巾。」阿瑪急忙解釋。

「聽說錫克教徒手上都會帶一隻鐵製的手鐲，象徵不可違背的教條，真的嗎？」

「你說的是這個嗎？」阿瑪果真秀出他手上的手鐲。

「你們真的全部都姓辛格Singh嗎？」「沒錯，我的全名就叫做阿瑪.xxxx.辛格」

真有趣！我們把書上讀到的錫克教徒特徵──跟眼前這位先生比對，還真的都符合。不過我在心裡又有了別的疑問，既然錫克教徒都姓辛格，那麼「金貝·辛格」和「阿諾·史瓦辛格」到底跟錫克教有關係嗎？

不過，我們對阿瑪的好感只持續了一下子，因為吃飯吃到一半，看起來靦腆的他，若無其事地問我們對「地毯」有沒有興趣，因為他有一個「很好的朋友」經營一家地毯工廠，而且就在離這邊不遠的地方。喝！好小子，終於露出本性來了。想帶我們去地毯店血拼？門都沒有！看我們猛搖頭，他也沒再堅持。其實，我們很想去看看印度傳統市集，但不想去給觀光客逛的那種店。大夥追問他知不知道有什麼帕須米那圍巾的店比較便宜的，或是當地人的市集，有賣當地的衣服的。努力形容了半天，我們一再強調不要去觀光客看的店。結果阿瑪自信滿滿地說知道一個地方。結果車一開，拐了幾個彎，又直接停在附近一家店門口。他一直強調看了不買也沒關係，門一開，老闆桑尼（Sunny）用標準的日語「扣尼吉哇」問候我們四個時，我們就知道，我們還上了賊船。

捷布　荷包大失血

紗麗的誘惑 →2004年1月26日 →還剩44天

　　也罷！既來之，則安之。抱著看看也無妨的心態，我們四隻待宰的肥羊，就這樣一步一步地踏入陷阱之中，不！我是說店門之中。

　　笑容可掬的店員端出一杯杯的熱奶茶，而我們感興趣的帕須米那羊毛披肩，劈哩啪拉一件件一件被攤開在我們面前，從最高品質、次高品質、中上品質、普通品質……一層一層展示。織法不同、花色不同、顏色不同……店員用俐落的動作把披肩一件件攤開，但很奇怪，就是沒把最重要的價格同時攤開在我們面前。其間還穿插著傳說中最經典的表演，就是把整件帕須米那披肩，穿過我們手上小小的戒指，以證明帕須米那的柔軟性。

　　不到十分鐘的時間裡，我們面前已經堆滿二十公分高的各色披肩，聽了許多的帕須米那故事，摸過上百件披肩，等待我們做抉擇。這時我們決定以量議價，每個人心目中頓時浮現了需要披肩的親友名單。殺價過程真是一場冗長的鬥智拉鋸戰，老闆擺明了是寧願我們多買幾條，也不願成交金額減少。雙方殺得臉紅脖子粗，正僵持不下時，老闆提出了交換條件------如果我們試穿紗麗，就再給我們一點折扣。

　　抱著穿穿也無妨的心態，我們又掉進了另一個陷阱。試穿紗麗之後，大家看看彼此變成了婀娜多姿的印度女人，興奮地拿起相機直拍照。老闆、店員，甚至連送貨的小弟都圍在我們四人身旁，拚命稱讚好看，差點沒有來個全員集合鼓掌叫好。雖然知道這是詭計，掌握了女人愛美的弱點。但我們自己看久了也覺得，真的還蠻好看的，來印度沒穿紗麗怎麼行，我和Mei都忍不住各買了一件。

　　截至結帳為止，我們四個人總共花掉了8300盧比（1盧比＝0.7台幣），買了28條不同的披肩，加上兩件紗麗，我們在這家店一個下午所花掉的預算，足足占我們18天購物總預算的一半！老闆Sunny的臉笑得比陽光還要Sunny。

　　臨去之前，他特別交代我們，因為阿瑪是他的「好朋友」，如果讓公司知道阿瑪帶我們到這間店來，「會讓他惹上麻煩」。大夥忍不住想，哇靠！不知道我們購物的基金裡面，有多少錢會放入阿瑪的口袋！好小子，枉費我們待你不薄，今天竟然這樣對我們！！看你那樣老實的外表，沒想到心機這麼深！但話說回來，也沒人拿刀架在脖子上逼迫我們買呀！印度的東西又漂亮又便宜，只能怪我們意志不堅囉！回到旅館，望著美美的戰利品，大夥還是逐一試穿，笑顏逐開。

　　「粉紅城市」捷布是一座魅力十足的城市。除了琥珀城堡、風之宮殿，市集也很具魅力。拉賈斯坦省的工

1　0　5

台北市南京東路四段25號11樓

大塊文化出版股份有限公司　收

地址：

姓名：

市　　縣

鄉／鎮　市／區

路　　街

段

巷

弄

號

樓

（請寫郵遞區號）

大塊
LOCUS
文化

Future · Adventure · Culture

謝謝您購買這本書！
如果您願意，請您詳細填寫本卡各欄，寄回大塊文化（免附回郵）
即可不定期收到大塊NEWS的最新出版資訊及優惠專案。

姓名：＿＿＿＿＿＿＿　**身分證字號：**＿＿＿＿＿＿＿　**性別：**□男　□女

出生日期：＿＿＿年＿＿＿月＿＿＿日　**聯絡電話：**＿＿＿＿＿＿＿＿＿

住址：＿＿＿＿＿＿＿＿＿＿＿＿＿＿＿＿＿＿＿＿＿＿＿＿＿＿＿＿＿

E-mail：＿＿＿＿＿＿＿＿＿＿＿＿＿＿＿＿＿＿＿＿＿＿＿＿＿＿＿

學歷：1.□高中及高中以下　2.□專科與大學　3.□研究所以上

職業：1.□學生　2.□資訊業　3.□工　4.□商　5.□服務業　6.□軍警公教
　　　　7.□自由業及專業　8.□其他

您所購買的書名：＿＿＿＿＿＿＿＿＿＿＿＿＿＿＿＿＿＿＿＿＿＿＿

從何處得知本書：1.□書店 2.□網路 3.□大塊電子報 4.□報紙廣告 5.□雜誌
　　　　　　　　　6.□新聞報導 7.□他人推薦 8.□廣播節目 9.□其他

您以何種方式購書：1.逛書店購書 □連鎖書店 □一般書店　2.□網路購書
　　　　　　　　　　3.□郵局劃撥　4.□其他

您購買過我們那些書系：

1.□touch系列　2.□mark系列　3.□smile系列　4.□catch系列　5.□幾米系列

6.□from系列　7.□to系列　8.□home系列　9.□KODIKO系列　10.□ACG系列

11.□TONE系列　12.□R系列　13.□GI系列　14.□together系列　15.□其他

您對本書的評價：(請填代號 1.非常滿意 2.滿意 3.普通 4.不滿意 5.非常不滿意)

書名＿＿＿＿　內容＿＿＿＿　封面設計＿＿＿＿　版面編排＿＿＿＿　紙張質感＿＿＿＿

讀完本書後您覺得：

1.□非常喜歡 2.□喜歡 3.□普通 4.□不喜歡 5.□非常不喜歡

對我們的建議：＿＿＿＿＿＿＿＿＿＿＿＿＿＿＿＿＿＿＿＿＿＿＿＿＿

＿＿＿＿＿＿＿＿＿＿＿＿＿＿＿＿＿＿＿＿＿＿＿＿＿＿＿＿＿＿＿＿＿＿

＿＿＿＿＿＿＿＿＿＿＿＿＿＿＿＿＿＿＿＿＿＿＿＿＿＿＿＿＿＿＿＿＿＿

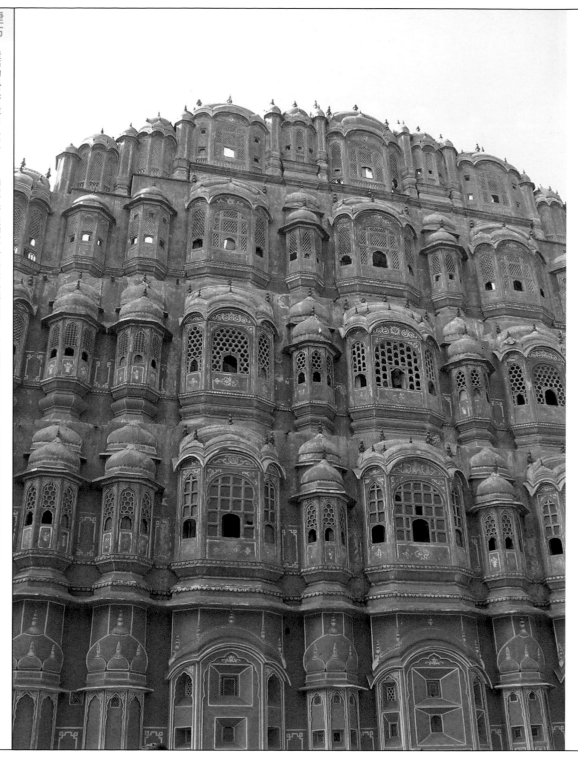

捷布的風之宮殿Wind Palace——印度皇宮裡的女人自古不得拋頭露面，所以透過953個窗戶，讓她們也能看見外面的繁華熱鬧。

亞洲篇

新加坡　計程車司機口中的新加坡

芭答雅　熱情如火的南方天堂

東京、橫濱　忙碌快轉的太陽帝國

香港　回歸之後再出發

上海　萬眾矚目的東方之珠

新加坡　計程車司機口中的新加坡

懶人旅遊法 →2004年1月29日 →還剩41天

關於新加坡，我們的認識，可説大部分來自計程車司機。

印象中總覺得新加坡就是一座現代城市，水泥叢林。跟台北沒什麼兩樣，對於急著想逃離城市氣味的我來説，難以激起任何熱情。它年輕又積極的性格，也引不起我的共鳴。所以安排行程時，我只給新加坡兩天時間，短短48小時，而且事前也提不起勁做功課。所以我必須承認，我不太了解新加坡。

但是懶人有懶福，我們在新加坡沒時間摸索的狀態下，反而發展出一種省時省力的懶人旅遊方法——那就是計程車問路旅遊法。在新加坡的這兩天，我們去了老巴剎市場、牛車水、聖陶沙、坐纜車、萊佛士登陸遺址、濱海藝術中心等地。還去看了新加坡當時正在展出的人體標本展覽。這些地點幾乎都是由計程車司機口中問來的，事後證明這些地點都還不錯。因為司機通常熟門熟路，又知道各種小道消息，又熟悉那些地方最受外地人歡迎。跟司機聊天就成為我們最佳的情報來源。有時甚至比Information Center（旅客服務中心）還好用。

吃娘惹小吃搭纜車

第一位司機載我們去找美食小吃。這位司機大哥推薦的老巴剎市場，有點像是南京西路的圓環，不算太精緻，但很符合我們想要一次飽嘗道地小吃的企圖，也兼顧了我們口袋中的預算。我們一口氣點了肉骨茶、星洲米粉、叻沙、海南雞飯，再配上一份酸甜紅毛榴褪奶冰，以及摩摩喳喳之後，真是心滿意足，神清氣爽。司機還特別叮嚀我們不可錯過「叻沙」，這是融合馬來人與華人烹調特色的「娘惹料理」之代表，混合椰漿和酸辣湯汁，芳香四溢、香辣過癮，跟台灣的叻沙（南京西路衣蝶百貨樓下有賣）吃來不同，口味更強烈。「肉骨茶」過去是苦力一天體力的來源，現在則是新加坡人的日常食品，甘醇温熱，鮮甜濃稠，簡單而能飽腹。

飽餐之後，我們就搭纜車去聖陶沙。這是司機推薦，最受觀光客歡迎行程第一名。從世貿中心搭纜車到聖陶沙島，一片綠油油的熱帶雨林映入眼簾，遠處的海洋閃閃發亮，新加坡南部景色一覽無遺，果然景色宜人。另外在推薦名單上的牛車水（中國城），還有小印度區我們也都沒錯過，雖然總覺得這些文化區跟真正的中國與印度總差那麼一截。也許是看過本尊，分身就相形失色的關係。但從這裡可以看見新加坡多元文化的縮影，還是值得一遊。

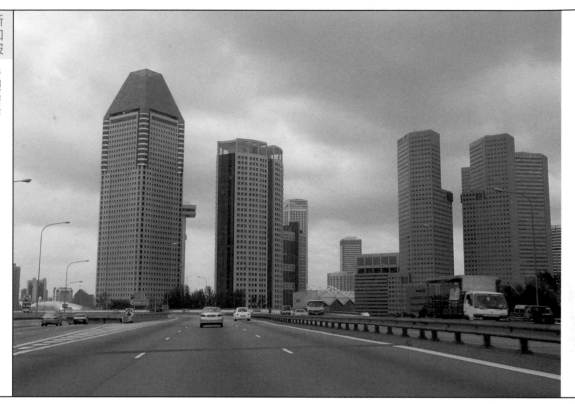

繪聲繪影描述鞭刑

　　坐進另一輛計程車後座，司機講到新加坡的法律，就說了一籮筐。他如數家珍地告訴我們在新加坡不能做的事。像是亂丟垃圾、亂吐痰、亂吐口香糖都要受罰（150坡幣）。聽說之前新加坡人連口香糖都不能嚼，一直到今年開放後藥房才有賣。販毒祇要超過三個兩毛錢坡幣的重量，在新加坡就是死刑；行乞更不行，只要行乞警察就捉，送到福利社（收容所）去統一管理，所以新加坡幾乎沒有乞丐和流浪漢；新加坡還有一項遠近馳名的法律，就是鞭刑。談到鞭刑，司機興趣就來了，當場跟我們仔細描述鞭刑的處罰過程，通常用來對付強暴犯，處罰時據說會脫下褲子，「啪！」一聲，在屁股狠狠地打一鞭，打到的地方包管皮開肉綻，有的甚至流血如注，足足有一個月不能走路，所以有很強的嚇阻作用。

　　新加坡的嚴刑峻法，真是全世界少有。就像我們印度遇到的大老闆說新加坡是：「Everything is fine, fine and fine」（fine有罰款和良好的雙重意思）。規矩多了，雖然整齊，但就少了趣味，來自體制的拘束感，總是揮之不去。所以也有人戲稱新加坡Singapore為Singabord（無聊），而我來到新加坡的確也有這樣的第一印象。

　　但也正因為治安良好、市容整齊、政治穩定，更帶動經濟發展，吸引了全世界投資人的青睞，許多跨國企

113

新加坡牛車水，就是China Town。是早期中國移民聚居之地，據說當初這裡沒有水，要靠牛車把水拉來，因而得名。

業紛紛把總部設在新加坡，讓新加坡一躍成為亞太的金融中心。

閱明星無數的運將

　　後來到萊佛士雕像的路上，又遇到了一位很幽默的運將，他擔任過保鑣，談起明星如數家珍，像是周杰倫、仔仔、王菲、虞澄慶、吳宗憲、成龍、周潤發到新加坡時，都是由他擔任貼身保鏢。問他對明星的觀感，他覺得周潤發與葉蘊儀最具有明星丰采，台灣人最愛的孫燕姿，他直說：「太瘦了，不好看」。除了明星之外，這位司機也不忘一路上消遣一些景點，像是濱海藝術中心（Esplanade），形狀看起來是「一顆榴槤，而且是非常貴的榴槤，花了新加坡幣六億，但是還會漏水」，對我們專程前往的萊佛士雕像，他指著雕像說：「瞧，他就站在那邊，一直想、一直想，想了兩百年，還是想不通，為什麼新加坡會發展得這麼繁榮呢？」

　　抬頭一看，這位最早發掘新加坡潛力的英國人雕像。當初登陸時看到充滿沼澤與熱帶叢林的景像，現在的他果真用萬般不解的神情看著如今繁榮的新加坡呢。

右：老巴剎(Lau Pa Sat)小吃，各種南洋美食一網打盡。
左：新加坡的發現者——佛萊士，登陸紀念雕像。

新加坡的陳媽媽

陳媽媽是我哥好友的岳母，這次多虧她慷慨提供我們新加坡的住處。馬來西亞出生的她，因為女兒嫁到台灣，後來也常來台灣。我們在新加坡停留期間，她親自下廚做了客家菜「算盤子」招待我們。這道用香菇、蝦米炒鹹芋圓的料理，真是美味無比，讓我和妹妹感動得眼淚都快飆出來了，真是太好吃了。

乾淨到不行的城市

怎麼會有一座城市，乾淨到這種程度，簡直是過度潔癖。

從進入新加坡開始，這個OS就不斷地在我的心中盤旋。街道像是有人每天用水徹底清洗過，別說是紙屑，就連一丁點兒泥土灰塵都看不到。樟宜機場更是幾近無菌狀態般潔淨。玻璃門上找不到一點指紋，地板光可鑑人，連磁磚間的縫隙都像有人趴在地上細細擦過。走進廁所，洗手台上一滴濺出的水滴都沒有。裏面的清潔人員，在我們走進廁所後的短短時間，已經把我們剛剛踏過的地磚全部用拖把抹過一遍了，隱約還聞得到地上的消毒藥水味兒呢。天啊！這個國家果真如傳言，是一座「處女座的城市」！

星洲米粉（上）、肉骨茶（右）、叻沙（左）。

牛車水的印度廟——馬里安曼興都廟（Sri Mariamman Temple）。

從印度到新加坡的轉變

從印度到新加坡，幾點轉變讓我們很不習慣：

1. 路上沒有看到牛。

2. 實在是太乾淨了。

3. 突然沒有人注意我們了。

4. 突然間聽懂周遭所有語言了。

5. 天氣好熱（位於赤道的新加坡，當時平均氣溫在24℃～32℃）。

新加坡人驕傲嗎？

我們到新加坡的那幾天，新加坡報紙正沸沸揚揚地討論一個話題，新加坡人驕傲嗎？起因是由於去年底，中國駐新加坡前大使陳保鎏勸新加坡人「丟掉傲氣」，避免抱著高人一等的心態與中國人打交道。城內就掀起軒然大波，新加坡人紛紛抗議：「我們哪有驕傲啊！」（2004年2月7日 新加坡聯合晚報）。有人解釋說，新加坡人中有很多「紅毛直」，說話做事直接了當，也可能是不懂禮儀，所以常被人誤會。也有人反駁說，驕傲無國籍之分，倒是有財富之分，像中國現在普遍看法是上海人很驕傲，總把其他外省人當鄉下人看，有很強的優越感。

妳們台灣真的那麼可怕嗎？

「你們台灣真的那麼可怕嗎？」正在看電視的新加坡人阿玲突然轉過頭來問我。

電視上正播放台灣的節目——中天電視台的〈社會記者檔案〉，播出內容是當年陸正遭綁架案。聳動的旁白，誇張的演技，正是台灣很流行的那種社會寫實劇情。

停留在新加坡的那幾天，報紙上每天都有大量台灣的新聞，尤其是許純美這位上流美哭訴老公拿刀威脅的新聞更是佔了好大的版面，也成為新加坡人茶餘飯後的笑料。我發現新加坡人似乎很注意台灣的一舉一動，可能是因為新加坡媒體比較國際化，但更可能的原因是，他們的新聞沒有台灣的精彩聳動，富有娛樂效果吧。

真人標本展環遊世界

這個真人標本展好像陪我們環遊世界一般，一年前在英國就聽過這個展覽，到歐洲時也看到它，2月時在新加坡時終於抽出時間去看展，結果4月回到台灣，赫然發現他們也來台灣了！展覽的都是同一批人體，堪稱本世紀最會跑的展覽之一。

芭答雅　熱情如火的南方天堂

芭答雅的早餐 →2004年1月31日 →還剩39天

　　金髮男人點燃了菸。花襯衫領口露出一片毛茸茸的胸毛。對面的泰國女郎，濃妝艷抹難掩老態，超短迷你裙下，一雙腿還在桌底勾弄著男人，手裡慇勤遞上塗好果醬的吐司麵包，一臉濃情蜜意，和男人的不耐煩形成強烈對比。

　　在這個芭荅雅的五星級飯店吃早餐，除了我們，周遭竟到處都是這樣一對一對的組合。白種男人和泰國女人。

　　再怎麼天真無邪的人，看到芭答雅夜晚的街景，也馬上會瞭解這裡面的春光旖旎。一間間閃著紅色霓虹的PUB，播放震耳欲聾的英文歌曲，吧檯上坐著一排超短迷你裙辣妹，對路人頻送秋波。街上走的，吃消夜的，到便利商店買啤酒的，一對對，清一色全是金髮男人摟著泰國女人。女人穿超低胸的連身裙，男人偶爾附在耳邊講悄悄話，女人笑得花枝亂顫。街上店裡賣著各式性感內衣、情趣用品。「人肉市場」這四個字在我腦中浮現。這裡彷彿是遍地獵物的草原，是狩獵者的天堂。而到底是獵人誘捕獵物或是獵物追逐獵人，已不重要。異鄉解放了道德，酒精催化了情慾，一陣追逐，一夜激情之後，各取所需。剩下的，就是早上相對無語的早餐。

當西方遇到東方

　　當然，這樣一個生態，供需平衡，行之有年。先進國家的男人，美國人、歐洲人，枕邊少個伴的，情場失意的，來到了美麗的東方泰國，藍天碧海的度假天堂。舉目所見皆是頻送秋波、燕瘦環肥的泰國女子，個個風情萬種，溫柔可人。見者很少不心動。像候鳥南飛一般，每年回來度假者有之，乾脆長住一年半載的也比比皆是。外國男人在泰國女人身上找到了嚮往的神祕東方，找到了自身文化女權伸張之後，久違的女性柔媚，甚至找回了崇拜眼神和男性尊嚴。而泰國女人，面對蜂擁而至、多金多情的白種男人，彷彿投射了對另一個世界的渴望，文化優勢化作催情的春藥，飛蛾撲火般集體淪陷。於是，臣服在甜言蜜語之下者，為錢逢場作戲的者，在這裡，泰國女人，一遍一遍供應著她們的溫柔與熱情，彷彿是這個熱帶的海灣最甜蜜的特產。

　　在這樣的交易結構裡，泰國女人註定是弱勢的。有著王子公主般美好結局者，少之又少。曾經在飛往英國

右：芭答雅海邊。
左：泰國路邊隨處可見的小神壇。

人妖秀。

的泰航班機上，遇到一位泰國女生，她滿心歡喜的告訴我她是要飛到英國嫁人。未來的老公是到泰國度假而認識。歷經兩年的兩地相思，現在老公要她飛到英國團聚了。但她在英文幾乎不通，連英國入境證明都是我幫她填寫的情況下，忍不住為她捏把冷汗，不知她到英國該怎麼適應當地社會。翻開泰國報紙，也赫然看見「泰女嫁洋夫，久未見郎回跳海獲救」、「泰國新娘思鄉心切」的標題，對照我們沿途遇到的泰國女生，在餐廳、商店、美容院、按摩院裡，那麼溫柔體貼又刻苦耐勞的形象，真是令人同情。當然這種現象也不是泰國獨有，放大到整個亞洲或多或少都有這樣的趨勢。文化強勢男人挾著財富，到弱國找女人早已司空見慣，甚至同為亞洲國家也有強勢弱勢之分。在旅行時也曾親眼見到，台灣男人喜孜孜地談論到柬埔寨和越南找新娘多便宜，女人有多乖巧聽話等等話語。在台灣中南部，隨處可見婚姻仲介的廣告。每六個出生的台灣新生兒中，就有一個媽媽是外籍新娘。打開第四台，還可以看到來自大陸、越南的女孩，在鏡頭前擺出一個個pose，旁邊還打上「保證處女」的字幕，就像是電視購物的滿意保證一樣，還可以包退包換。

泰國男人呢？

每次看到這樣的廣告，我的大女人主義就忍不住作祟，必定要批評一番。我的男性朋友說，看吧看吧！台灣女生不要眼高於頂，妳們的被取代性是很高的。我的女性朋友則說，沒關係！想娶外籍新娘的儘管去吧！台灣女生也可以嫁外國人呀。我們也是可以選擇的。這無關乎性別！只是單純的供給和需求問題。日本女生不也挾著經濟實力，到峇里島度假時找個海灘情人嗎？

但是，雖說是國際交往與婚姻市場的自由流動，但泰國實在也傾斜得也太明顯了。在泰國這幾天，不管是曼谷還是芭答雅，身旁經過的，都是東西合璧的男女組合多，正常泰國男女朋友的組合少，看著看著也覺得這是泰國的一大奇景。「泰國女人為什麼都那麼喜歡交外國男朋友呢？」這個疑問在心裡憋了好久，直到在曼谷，遇到清純可愛的泰國女導遊時，忍不住衝口而出。一問自己立刻就尷尬起來，旅行就旅行嘛！幹嘛管人家的家務事呢。而她的回答也很妙，四兩撥千金：「沒什麼，因為泰國男人都改做人妖了嘛！」

哈哈大笑，開始有點懂她們的邏輯了。

泰國旅遊小檔案

我們在曼谷的行程，是在機場旅行社櫃檯預訂的。其中包括曼谷與芭答雅兩夜住宿，還有昭披耶河半日遊河，含交通接送等。總共約120美金。

泰國物價便宜。花在先進國家住青年旅館的費用，在泰國可以住到高級飯店，旅行者不妨多多利用。

曼谷的交通擁擠。據導遊說：「曼谷每天只有一個塞車時間，就是從清晨到半夜」。所以通常僱車都不太願意開進市區。但曼谷的地鐵也很方便，不妨多利用。

曼谷的美女導遊

我們在曼谷遇到一位美女導遊,她跟我們年紀差不多,才剛擔任導遊不久。甜美又可愛的她,會說一口流利的中文。目前還沒有男朋友。她最喜歡的明星是周杰倫,據說會唱很多周杰倫的歌。她拿出曼谷的明星雜誌,封面竟然就是周董。裡面還有用拼音一字一字教唱周杰倫的歌唷!她一直叫我們轉告周董:「不要愛別人,一定要等我來台灣。」周董!你的魅力實在是太強了!連泰國人都為你瘋狂!

蒂芬妮人妖秀

在泰國最華麗的時刻,就是欣賞遠近馳名的人妖秀了。蒂芬妮人妖秀果真名不虛傳。長達一個小時十五分鐘的表演。演員容貌美、身段佳,場景服飾不斷切換;從泰國皇宮、韓國傳統歌謠、中國古裝、現代舞、蜘蛛女、比基尼女王、變男變女秀等等,甚至連紅磨坊的舞碼都編進去了,真是讓我們大開眼界,直呼過癮。尤其是看到「男人羨慕女人忌妒」的人妖,身材臉蛋果然一級棒,連我們姊妹倆都自嘆不如啊!

泰國古式按摩很優

我們去的泰式按摩店,據說在曼谷很有名(O.A. Thai Massage 90/36-40 Ratchaprarop Rd., Phayathai, Bangkok)一到現場,按摩女郎先幫我們脫襪洗腳,之後,就帶我們上去樓上昏暗的小房間,幫我們全身按摩。我們選擇的是不用精油的古式按摩。我們就像芭比娃娃,全身被翻過來折過去,又像被強迫做瑜珈一樣,全身筋絡發出喀吱喀吱的響聲。女郎先賣力地爬上來在我們背部猛踩,再用膝蓋,手肘做道具,跪在背上,全身貼著我做各種指壓。一邊按摩,怕癢的我們還一邊發出喀喀的笑聲,逗得她們也一直笑。在她用力按摩時,我們的腦海中不斷出現剛在新加坡看過的人體標本展,一邊想著我的哪一條肌肉現在正受到強力擠壓,哪一束神經現在正在被刺激,一邊沉浸在按摩的快樂裡。過程大約一小時,力道拿捏得恰到好處,結束之後筋脈全開,渾身舒暢,當晚果然睡得特別香甜,在此極力推薦,絕不能錯過。

泰國美食我最愛

我們旅行泰國時正逢泰國禽流感爆發大量撲殺雞隻期,所以我們連碰都不敢碰雞肉。但除此之外,泰國還是有很多美食。我最喜歡的泰國食物是酸酸辣辣的泰式酸辣海鮮湯。還有好吃的山竹,撥開紅紅的硬殼,白白的果肉送入口中,好吃得想當場唱國歌!要不是吃太多會上火,我一定每天三餐都吃。

妹妹最喜歡的東西是冬粉螃蟹煲,沙茶口味的,百吃不膩。

泰國的夜市很像台灣的,芭答雅的夜市很像墾丁。最特別的東西是有一種賣昆蟲的小吃攤,像鹹酥雞攤子一樣,只是上面賣的是炸過的蚱蜢、蟲蛹、還有蠍子等,還很多人買來吃呢,Oh my God～好恐怖!

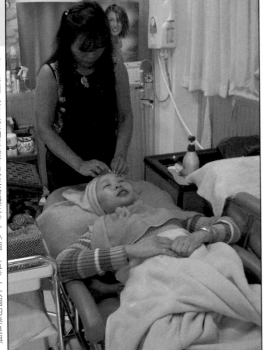

芭答雅

右：泰國人對皇室的尊崇可以從路邊三步一小個、五步一大個的泰皇與皇后的立牌看出。

左：體驗泰式做臉。她們的去角質簡直像是拿砂紙直接把臉磨平，痛！

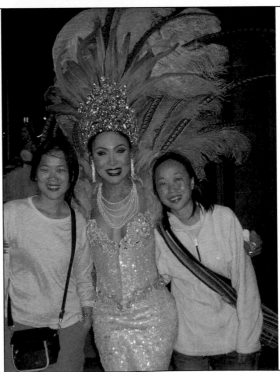

芭答雅

右：唉～～上天真是不公平啊！

左：泰國路邊小吃──你發現了嗎？是蠍子喔！

東京、橫濱　忙碌快轉的太陽帝國

漫步在新宿歌舞伎町 →2004年2月1日 →還剩38天

　　坐在東京新宿的小急田百貨公司地下街的咖啡廳裡，等正在逛街的妹妹。

　　位在這個東京流行的心臟地區，她正把握最後一天停留在日本的時間，血拼她最愛的小玩意（粉紅色的袋子、可愛的娃娃、精緻的紀念筆……等）。而我則陪伴著大大小小的行李，和我的小TravelMate筆記型電腦享受片刻的悠閒。空調暖烘烘的，古典音樂配著空氣中各種甜點的香氣，非常舒服～如果不是偶爾的日文的廣播，我會有置身在台北衣蝶百貨地下樓的錯覺。

　　來東京三天了。兩天待在橫濱，一天在東京。回顧對這個城市的感覺，只能用「繁榮」與「步調快」來形容。日本好像一個忙碌快轉的太陽帝國，步調比台北快太多。尤其是新宿街頭，每個走在路上的人都以接近「小跑步」的速度，穿梭在城市裡。

　　新宿的壯觀，從新宿站東口出來，即可看見。閃耀的霓虹、樹上裝飾的藍色小燈泡。非常具有節慶的氣息。「歌舞伎町」附近是名副其實的不夜城。川流的人群、尋歡的人們、逛街的時髦少男少女、成群結伴來喝一杯的上班族，當然也有拿著相機到處留影的觀光客。交織成一幅繁榮的景象。

奇怪的日本人

　　有趣的是，我們連續跟5位路人問路，結果對方的反應竟然是在我們說出Excuse Me的同時，就加快腳步飛奔離去。不知道是因為英文不佳懼怕外國人，還是害怕我們推銷東西？也許都市越發達，人與人之間的人情味越淡薄吧。

　　但是這樣冷漠的印象，只停留在我們抵達日本的第一天。而且好像是新宿特有的現象。因為第二天以後，我們陸續遇到了很多親切的陌生人。像在橫濱中華街附近，找不到當晚的住宿。跟一位日本女生問路，她帶我們找到附近便利商店的一位華僑郭先生。他二話不說，請同事幫忙看著店，就帶我們前往附近一家台灣人開的旅店。讓我們不致流落街頭。另外當然還有東京的朋友伊織的熱情招待，連續幾天客廳借我們暫住。每天早上醒來，還為我們做好吃的日式早餐。真的很令人感動。我想，冷漠應該是都會地區日本人的保護色，而且只存在一開始，只要有機會進入對方的世界，就會發現，日本人的細膩與體貼，一點也不輸其他地方的人。

東京

原宿熱鬧的不夜城─歌舞伎町。

可愛的日本情侶～伊織與智文

在東京，我們住在一對可愛的日本男女朋友家。女生叫做今野伊織（Iori），男生則是鈴木智文（Suzuki）。伊織是朋友Zorg在法國讀書時的朋友。因為這層關係，我們在寸土寸金的東京近郊「沼袋」有了一個溫暖的落腳處，也有一段難忘的情誼。

她們兩人的家非常可愛。除了牆角有一台如假包換的吃角子老虎機之外，牆壁上更是貼滿了許多搖滾明星的照片。小小的和室地板，是我們晚上的床鋪，也是早上起床後吃早餐的地方。連續二個早上，我們都可以吃到伊織為我們準備的日式早餐──味增湯，配上海苔醬飯或者洋蔥豬肉蓋飯。讓我們在日本的早上每天都元氣十足。

早餐過後，我們就和伊織一起出門。要先繞過她們家門前的小河，再步行到沼袋車站搭車。今年才22歲的伊織，曾經到法國學習法語四個月，並且會講一點中文與義大利文。溫婉的外表，長長的睫毛，不說話時有一種柔媚的魅力。但從她帶我們趕搭新幹線時的迅速與敏捷，又可以看出都會生活給她的訓練。

在新宿熱鬧的電腦賣場工作，下班後的伊織，會習慣性地點一根香煙，釋放一天的壓力。看她抽菸的姿勢，真是優雅好看，彷彿所有的東京生活都蘊含在那一根香煙中。

巴士精品模型

香港人近年來流行收集一種巴士精品模型,在巴士專賣店裡,各種車型,各種路線應有盡有。把小時候每天搭的公車模型收集起來,就好像保有了童年的回憶,非常有意思。

真正去香港玩要去

妹妹有一個香港朋友,目前在柬埔寨工作。聽說我們環遊世界要去香港,熱心的他每天在ICQ上Q一些「真正去香港玩要去……」之類的建議給我們。最後蒐集起來也成了一大篇,香港人親口說的算,所以這篇資料也成為我們的香港之旅基本參考。

「真正去香港玩要去……」

住

找地方住時:九龍的酒店比較便宜,港島的酒店較貴,一般一晚約300多港幣。

最高級的像九龍的「半島酒店」或港島的「麗晶酒店」等……

最便宜的像九龍旺角或油麻地彌敦道一帶的酒店,或賓館等,如「福華賓館」等……

吃

如想吃海鮮,代表性為東九龍油塘的鯉魚門,因為那整個區全部是吃海鮮的。

如想吃港式,代表性為九龍佐敦的「桃苑粥麵茶餐廳」。

如想吃燒味,代表性為銅鑼灣的「何洪記」。

如想吃飲茶,彌敦道一帶的酒樓都不錯,但記得不要過中午才去。

如想吃火喉,俗稱「大牌檔」是最佳選擇,但只有晚上才有,建議點「大腸豆腐」、「椒鹽排骨」…

如想吃宵夜,到粥麵店吃個「魚蛋粉」、「魚片粥」、「艇仔粥」…代表性為銅鑼灣的黃枝記粥麵店。

如果想吃特色小吃,一定要吃路邊攤的咖哩魚蛋、豬腸粉(要加麻醬、甜醬、芝麻)、碗仔翅…

其他,茶餐廳的蛋塔、絲襪凍奶茶、檸檬茶、鴛鴦、奶油多、早餐套餐…

＊註 給懶人看:如果想一次吃到以上東西,那就直接去港島的銅鑼灣勿地臣街的「時代廣場」裡的「食通天」,不會找不到,因為有四層樓全都是吃的。

購

想買東西時:最好不要去九龍尖沙嘴彌敦道一帶,因為都是騙老外的……

買免稅貨要去:機場和九龍尖沙嘴的免稅商品城(不知搬家了沒)都有。

買高級名牌去：尖沙嘴的廣東道（所有大名牌的旗艦店，像D＆G、DKNY、A/X等…）

買路邊攤要去：油麻地的廟街，各式各樣五花八門的東西都有，要晚上去才有。

買冒牌貨要去：旺角的女人街（女人街是俗稱，真正街名叫西洋菜街和通菜街）。

買金飾品要去：油麻地一帶的金鋪，因為那裡算是金飾品的大本營。

買電器品要去：旺角一帶的電器用品店都可以，或是去電器大本營的深水

其他：買玉去玉街、買古董去荷李活道（摩囉街）、買小鳥去雀仔街、買金魚去金魚街……

大型購物廣場：九龍的有尖沙嘴摩地道的「海港城」（香港的比華利山購物區），港島的有銅鑼灣的「時代廣場」（銅鑼灣就是香港的新宿），其他較好的有金鐘的「太古廣場」（很NICE），中環的「置地廣場」（沒一兩百萬在身上就不要去ㄌ）等……

玩

玩歷史：港島上環的荷李活道（摩囉街）。

完鬧鬼：港島的高山和七姊妹街。

玩玉器：九龍油麻地的甘肅街。

玩中藥：九龍油麻地的上海街。

玩冒牌：九龍旺角的女人街（通菜街）。

玩名牌：九龍尖沙嘴的廣東道或港島中環的置地廣場。

玩潮流：港島的銅鑼灣。

玩地攤：九龍油麻地的廟街或港島赤柱市場道的赤柱露天市場（最多老外去的地方，很正）。

玩水貨：九龍旺角的花園街。

玩剪牌：九龍尖沙嘴的加連威老道或金巴利道。

玩夜景：港島薄扶林山頂的凌霄閣或九龍尖沙嘴海旁。

玩瘋狂：港島中環的蘭桂坊或灣仔一帶的酒吧都不錯（要會英文）。

玩海鮮：九龍油塘的鯉魚門或港島香港仔的珍寶海鮮舫。

玩電器：手機要去旺角的新達廣場，電腦要去九龍深水步的黃金商場，其他去旺角的店鋪都可。

玩明星：香港太平山頂的香港倫敦杜麗莎夫人蠟像館或繽紛好萊塢或上網找明星出入場所。

玩遊街：從港島的柴灣坐電車（坐二樓最前面）一直做到西營盤就繞了港島大半圈。

感謝田慶中先生提供以上資料。

上海　萬眾矚目的東方之珠

上海到底有多迷人？→2004年2月5日 →還剩34天

「Victor來上海工作一年半，就決定留在這裡了。他說這邊的『市場』很迷人，我看呀！都不知道是什麼在迷人嘖⋯⋯。」Ellen說了這句俏皮話，在我們來到上海的第一天晚上。當場大家哈哈大笑，圍繞在「到底是什麼迷人」大開玩笑。

Victor和Ellen夫妻，是我們在上海工作的台灣朋友之一。Victor過來一年半，擔任台資企業的業務行銷經理。開朗而積極，業務做得嘎嘎叫。Ellen則剛剛辭掉台灣的工作，帶著小兒子來到上海，準備長住。

上海到底有多迷人？如果你問一百個人，可能有一百種答案。上海似乎是一個千面女郎，會用眼神勾人，並對不同人散發不同魅力。就我們的實地考察發現，上海的確很迷人，例如：在城隍廟裡大排長龍，可以等到一籠滾燙鮮香咬下會噴出湯汁的蒸包；在綠波廊裡花50人民幣，可以品嚐整套眉毛酥、棗泥酥、桂花拉糕、蟹肉小籠、奶皇包、肉絲春捲等等午茶小吃，東西吃在嘴裡，樂在心裡，真覺得上海的確很迷人。

當我們在傍晚時分來到外灘，看見整排融合各國風情的殖民建築，訴說著上海灘十里洋場輝煌歷史，再隔著黃浦江望見對岸東方明珠塔和畫舫一般的船隻時，上海也的確是很迷人。

然後當我們走進著名的仿冒大本營「襄陽市場」，買到GUCCI的皮夾、LV的提袋、PRADA的包包、BOSS的手提袋、萬寶龍的筆、勞力士的手錶、BURBERRY的風衣⋯⋯。全部加起來還不到正品一件價格的零頭，送禮自用一併搞定，並且滿足敗家購物的虛榮，此時上海還真是迷人呀。

接著當我們貪圖享受，連續幾天花人民幣35元享受整套上海按摩舒緩身心，聽著按摩姑娘柔軟的口音，外加人民幣25元來一段足浴和腳底按摩修腳指甲全套花樣時，上海仍然迷人。

最後當我們在董家渡路上，各自花了不到人民幣280元做了一身上海風味旗袍，而且還是「當晚量身，隔天早上10點前就快遞到府」的高效率。穿起來既合身精緻，又手工細密時，上海真是迷人透了！

不過，上海雖然迷人，卻也是集中國最多資源於一身，更是世界目光矚目的焦點。平心而論，她的榮景早已超越台北，且是世界屬一屬二的大城市，然而在這種繁華的背後，也不盡然都是光鮮亮麗的樣貌。只要稍一離開上海，就可以感受到大陸差距之大，真是對比強烈 (南北差距、沿海與內陸差距，以及城鄉差距)。

身為台灣人，看到人才和企業前仆後繼地爭相來上海，不禁令我擔心：我們是否會在這樣的洪流中被淹沒？我覺得我們應該尋找到自己的特色和定位，好好發揮，才能在世界的舞臺上尋找到自己的角色與位置！

右：讓人心服口服的上海公車司機必殺開車絕技──把腳放到方向盤上也照開～～怕了吧！！

左：上海城隍廟裡大排長龍的美味湯包，連老外也愛吃。

上海求職大不易

　　不僅是全世界的人才想到上海求職一展身手，連其他縣市的人都湧進上海。每年到了求職季節，就有數以萬計的外地大學生蜂擁到上海。最近上海申報曾做了一個非常有趣的專題報導（2004年3月31日）「走向上海的外地白領──求職小屋日記」。記者臥底20天，親身到便宜的旅館「求職小屋」，體驗海漂族艱難生活。記者混在裡面，也假裝是求職的大學生並且把遇到的人的真實故事寫出來。

　　內容描述一群年輕人為省食宿，住進便宜的旅館，名為求職者驛站。每天擠在小小的房間裡，設備非常簡陋。大家聊天時皆感嘆大學生不值錢，討論有朝一日大家有了錢，要做什麼等等話題。有人遍尋不著工作，每餐吃最便宜的陽春麵，最後錢花完了黯然離開。也有人找到月薪5000的高薪工作，大家幫他開慶祝會。

上海女孩，上報覓白馬王子

　　在報上看到有位上海女孩，上報徵覓白馬王子。（2004年4月1日申報）

　　長得美麗動人，又有雙碩士學位的上海女孩Chris說，她想「一步到位，嫁個實力派」。她嚮往一生只有一個男人、希望未來另一半富有，這樣才有安全感。

　　後來透過媒體的宣傳，果然引起廣泛關注，詢問電話不斷。

　　後來報紙還安排一場見面，現場面試五大實力派菁英，現場來了五位男士，包括企業高層、IT新貴、證券菁英、私企老闆、金融界成功人士。個個都是資產百萬以上的精英，其中還有一位千萬富翁。

　　上海姑娘果然效率高，有勇氣，令人欽佩哪。

上海──女人的天堂

　　跟據我們馬路調查法得出的結論，發現「上海男人疼老婆」這句話一點不假。據說上海男人聚會時，討論的話題常是「我替我老婆花多貴的錢買了那個名牌的包包……」「我如何如何讓我老婆在什麼場合多麼體面……」。似乎他們做為一個老公，最大的榮耀和任務就是努力賺錢讓老婆過著優渥的生活。更別提燒飯洗衣帶小孩了，因為那是最基本的工作。看起來每個上海男人都像台灣的「唐先生」那般任勞任怨。（上海真是個迷人的地方^_^）

美洲篇

溫哥華　候鳥過境加拿大

舊金山　抱歉！我只愛同性

鐵路之旅　Ocean to Ocean！另一個長征

鹽湖城　摩門教朝聖之路

丹佛　兩個不同方向的環球旅人

奧馬哈　一個旅人在新市集

芝加哥　狂歡縱飲的爵士天堂

紐約　自由、藝術、頹廢的世紀之都

里約熱內盧　科坡卡巴那的一天

溫哥華　候鳥過境加拿大

維多利亞港的英式風情 →2004年2月8日 →還剩31天

經過長途的飛行，我們抵達加拿大時已經是下午，一下飛機我們與久別的好友夏綠蒂（Charlotte）重逢，好高興！

第二天一早7：00，天還沒亮，我們和夏綠蒂就出發前往探訪溫哥華島南方的維多利亞港，我們搭乘地鐵(SkyLine)，轉乘BUS（在九十分鐘內可以免費轉乘Bus），到溫哥華南方的Tsawwassen站，搭上著名的渡輪（BC Ferries），前往溫哥華島南部的Swartz Bay渡輪碼頭，再搭約30分鐘的公車到達我們的目的地──維多利亞市區。

這麼複雜的交通過程，加上完全不起眼的小小公車站牌，如果是我們自行前往，我想花上兩天都到不了，但細心的夏綠蒂已經早早在網路上查好每一輛車與船的時刻表，銜接得非常漂亮，讓我們好佩服。在豪華的大渡輪上，我們享受著她精心準備的貝果三明治與零食，不時還可到寬闊的甲板上眺望海景，欣賞盤旋在船周圍的海鷗，海風有點冷，但是我們遇到了難得的好天氣，暖暖的陽光曬在身上恰到好處，悠閒的享受著這一刻的自然美景。

到了維多利亞港，觸目所及完全是英國維多利亞式的建築，彷彿是英國泰晤士河畔建築的翻版。但這邊除了酷似英國之外，得天獨厚的自然風情，絲毫不輸英國，我們滿意地坐在港口邊，對著美景發呆，當然也不忘在爬滿藤蔓的維多利亞皇后飯店前留影，然後再去街上喝一杯道地的咖啡。我平時酷愛焦糖瑪奇亞朵咖啡，驚喜的發現，這裡竟然有「楓糖瑪奇亞朵」！興奮地點上一杯，咖啡配上楓糖漿，楓糖漿獨特的香味，讓咖啡香中別有一番風味，這是別的國家喝不到的哩！

移民群聚，人種薈萃

環顧四周，我們發現一件事，「眼前沒有一個人種是佔絕對多數的」！這裡就像是一個「聯合國」。加拿大人（或是美國人）雖然很多、但是中國人也不少，另外還有印度人、菲律賓人、羅馬尼亞人、黑人、中東人、哥倫比亞人，以及很多說不出國家的人種，混雜其中。

我們在溫哥華點餐時的服務生，幾乎都是中國人或台灣人。每當我用英文點餐時，都會意外獲得中文的回答，感覺好像還沒出國一般。置身其中，也不會因為你的人種與膚色，感覺到有任何特別的差異，完全是一個

右：加拿大的大型Ferries，不僅載人載貨
也載車。

左：維多利亞港邊的圖騰。

多元文化的世界村。而移居到這裡已經一年的夏綠蒂，跟我們談起這裡的情況，她說這裡的華人非常多，官方語言是英文和法文，但部份地區如列志文市（Richmond）廣東話與普通話的使用程度達60%。聽説打開當地第四台，不但可以收看華語電視，就連台灣正在播放的連續劇「長男的媳婦」，都看得到。難怪我們遇到的華僑柯先生，對國內的政經情勢，大小事件瞭若指掌，消息靈通的程度連我們都自嘆不如。

溫哥華的溫暖民宿

　　熱門熟路的夏綠蒂，幫我們找到一家很好的民宿。位於本拿比市區。老闆是台灣人，移民過來加拿大，裡面該有的東西一應俱全，溫暖的佈置，便捷的電腦網路，便宜的收費（兩人房30加幣/晚，相當於台幣八百多元）讓我們有一個很好的棲身之處。感覺很幸福！

　　這一區很少高樓大廈，房子都像台灣常見的「渡假小木屋」。每家每戶都有庭院，庭院裡種滿了各式植物。附近街道很直，成棋盤狀分布，整體而言非常空曠。

令人興奮的雪景

　　飛機將要抵達溫哥華時，我們從飛機的觀景窗中看見一片美麗的山，山上覆蓋著白雪，深色的山脊與白亮的雪形成鮮明對比，我們興奮地驚呼「加拿大到了！」，出境時審查的官員在我們準備好的筆記本中蓋了一個章，並且親切的祝福我們旅途愉快，這真是一個好的開始，雖然之前在台北申請簽證時遇到小小的挫折，讓妹妹差一點無法拿到加拿大簽證，也讓我們在出國的前兩天急昏了頭。但是老天還是幫了我們，最後幸運地化險為夷，才能順利抵達加拿大。

無法抗拒的時差

　　飛越太平洋，我們在傍晚時分出發，抵達溫哥華時，是同一天將近中午時間，途中經過8小時以上的飛行，照理來說應該是晚上了，但是彷彿如時光逆流，我們還是在同一天的早上，天還是亮著的，這種感覺很奇特，套句妹妹的形容詞：「真是鬼打牆了！」聽說調整時差最有效的方法，就是先撐著不要睡覺，等到當地人睡覺的時間再同時就寢，我們打算比照辦理。可是也許是吃飽了，血液都集中在胃部，或許也是購物中心的暖氣太暖了，下午三點，我們都覺得強烈睡意席捲而來，眼皮實在抬不起來了，呵欠連連；等夏綠蒂帶我們逛到超市，正準備買明天去維多利亞港野餐的食物時，我們已經呈現邊走邊打瞌睡的狀態，趕緊撐著最後一點點力氣，強忍著濃濃睡意走回住處，向溫暖的枕頭和棉被徹底投降，沉沉睡去。有趣的是，經過6個小時，我們兩人又不約而同地在晚上九點鐘醒過來，並且再也睡不著，只好起來看看電視，上上網；在對抗時差的第一場戰役上，我們可說是完全敗下陣來，不過我們自我安慰說，沒關係，等下一站再來調時間。

台灣上世界新聞頭條了

　　今天一整天，我連續在國際新聞報導上看到台灣兩次，但這兩則新聞，都讓我們感覺沉痛，一次是在飛機上，隔鄰的加拿大人拿著一份報紙，封面赫然就是陳水扁總統的照片，瞄了一眼，內容大致是描述中共對台灣的獨立傾向非常不滿，台海兩岸緊張情勢升高；另一則是震撼人心的新聞，就是今年入秋以來第一個SARS案例，竟然就出現在台灣，雖然是研究人員感染的案例，但是為何是發生在台灣？國外電視新聞媒體莫不以頭條來處理，感染軍人的畫面出現在很多台新聞上，看來台灣真的在國際上大大出名了。我們出國前，很多人說我們即將旅行到的某些國家很危險，但是如果我是從來都不了解台灣的人，單憑著這兩則新聞判斷，一定更會覺得，「台灣」是個非常恐怖的國家吧！

從2003年度新聞看加拿大

　　當然新聞報導總是好事不出門，壞事傳千里，為了能更了解加拿大這個國家，我翻閱當地的世界日報，無意間看到一個「票選2003年十大新聞」的活動，上面列出了十個可能的選項，非常有趣，也許可以作為對這個國家的瞭解與比對：其中比較特別的有「卑詩省內陸森林火災損失嚴重」、「瘋牛症風波打擊畜牛業」，可以看出加拿大獨特的產業型態，而全世界湧進的移民，也讓「移民部調降技術移民評分」、「卑詩省首先推行中醫合法化」，另外，多元開放的觀念，反應在「同性婚姻合法化朝野辯論」、「加首座安全注射屋在溫哥華成立」、「大麻除罪化惹爭議」聽說加拿大政府為了集中管理毒癮者，避免衍生更多社會問題，竟然化暗為明設立毒癮注射站，為吸毒者注射毒品，並且聽說還是免費的，真是匪夷所思。另外，因為地緣關係與美國密不可分的加拿大，都曾被英國統治過，曾屬於同一個母親，但加拿大人對於美國這位兄弟，常常是卻有著又愛又恨的情結，據說有的商店為了對抗美國連鎖企業的競爭，打出「完全由加拿大人經營」的本土訴求，生意竟然非常好。所以有人戲稱美國與加拿大是同一個母親，但是貌合神離的一對兄弟，加拿大人也特別標榜自己與美國不同之處，從新聞「加拒出兵伊拉克；阿富汗加駐軍又傷亡」、「加人踴躍申辦楓葉卡」也許可以嗅出一些端倪。

舊金山　抱歉！我只愛同性！

我跟你一樣，都只愛男生！ →2004年2月13日 →還剩26天

在情人節的前一天晚上，我隻身闖進了舊金山最有名的卡斯楚區（卡斯楚是男同志區）。

夜晚的卡斯楚區瀰漫著一股頹廢浪漫的氣息，有的櫥窗貼著裸男海報，有的則擺滿彩虹熊、同志雜誌等商品。許多商店在門口懸掛彩虹旗，表示支持。街上一對對卿卿我我的愛侶，當然，清一色都是男生。看見一個東方女生走在路上，紛紛對我行注目禮。但對一個夜行女子來說，這裡應該是全舊金山最安全的地方吧！

有一陣子，身旁有幾位朋友曾經跟我坦承他們Gay的身分。說開了倒也自在，反而覺得跟他們相處像姊妹般自然。偶爾沒事我也會開開玩笑：「知道我跟你們最大的共同點在哪？就是——我們都只愛男生唷！」或是用台語開玩笑說「厚～～你就假唉唷！Gay都像你這麼假的嗎？」（純粹開玩笑！男同志請不要介意。）每次跟他們聊天，他們總是會八卦著某某明星是Gay，路旁走過的那幾個也是Gay等的話題。聽久了也發現，台北的同志圈還真不小！常常在想，會不會有一天人類突然間豬羊變色，同志變成主流，異性戀變成被排擠的對象呢？

一般而言，Gay也愛得很辛苦。社會的眼光常常讓他們隱藏身分，來自家人的反對，則是一種反覆煎熬。有一兩位朋友曾說，等存夠了錢，一定要到舊金山結婚。舊金山是同志心目中的新天堂樂園，光是2004年2月12日到3月11日，就有大約四千對的同志在市政廳舉行婚禮。舊金山現在也在考慮要成為第一個承認同志婚姻證書的城市。走在卡斯楚區，在同性戀多於異性戀的情形下，讓異性戀置身其中馬上可以感受到自己的不同。這就像是一種標記，清清楚楚，也讓我聯想到同志們在主流社會裡應該也像我在舊金山一樣的敏感自覺！

我不否認異性戀者來到這裡，或多或少帶有一點窺伺的欲望。但是這裡的同志表現得倒是落落大方。經過Pub門口，裡面的人會大聲地跟我打招呼，預祝我情人節快樂。在超市裡，我遇到一位盛裝打扮慶祝的男子，他的裝扮實在太酷了，我鼓起勇氣囁嚅地詢問可不可以拍他，沒想到他立刻大大方方地擺出pose，一臉開心的模樣，讓我留下他的倩影。他和他的「阿娜答」興高彩烈地採買一大堆啤酒和零食，邊勾著手還不忘記隨時給對方一個吻，我也熱情地祝他們情人節快樂。

主流和非主流其實也只不過一線之隔，而真正愛上一個人時又往往是超越性別的。走出卡斯楚區，我也忍不住開始認真思考性別和主流之間的關係了。

舊金山著名的藝術宮。羅馬式圓頂建築配上石柱長廊，引人入勝。

坐叮噹車去啃螃蟹---舊金山超好玩

「叮噹叮噹……」隨著叮噹車（Cable Car）的鈴聲和乘客的笑聲，我在舊金山高低起伏的地勢上緩慢攀升，一手緊緊抓著欄杆，好像坐雲宵飛車一樣，煞車時外面的身體還會不住地搖擺。來到目的地漁人碼頭（Pier 39）旁的廣場，點一隻肥美的現煮大螃蟹。事實上，到漁人碼頭啃一整隻螃蟹，是支持我來舊金山的最大動力。這一刻終於來臨，我就像是日本美食節目主持人，剝出一管肥美又厚實的蟹肉，心滿意足地放入口中，嗯～果然鮮甜香Q，厚實多汁。內心大喊「歐伊西內～～」，差點當場想唱起歌來！

吃螃蟹是有訣竅的，千萬不要到餐廳裡吃，昂貴的帳單保證會讓你敗興而歸。漁人碼頭招牌附近有很多平價的螃蟹小攤，一隻30公分長的螃蟹，秤起來大約17美元，這才是真正的物美價廉。而且當地朋友特別提醒，一定要請老闆現煮，千萬不要買攤子上已煮好的，兩者味道天差地別，雖然要多等十分鐘，但絕對值得。

漁人碼頭有一個舉世無雙的奇景——海獅。這一天，不知道是什麼原因，港灣裡聚集了上百隻出來曬太陽的海獅，真是蔚為奇觀。海獅是一種奇怪的動物，不斷發出「嗷～嗷～嗷～」的叫聲，這些海獅，做著各種有趣的動作，有些忙著把別的海獅推下海；有些則是頭疊著頭忙著相親相愛。圍觀的觀光客也都看得津津有味，小孩子興奮大叫「Look！Look！Sea Lions！」。就連海鳥都停在欄杆上，靜靜地看著對岸的惡魔島。（就是電影惡魔島的拍攝地點，交通：由漁人碼頭41號搭Blue and Gold Fleet渡船前往）。

漁人碼頭的嬌客—海獅。長年聚集於此曬太陽，是一大奇景。

遙望惡魔島（對面的島是電影《絕地任務》的拍攝地，之前是專門用來關重罪罪犯的監獄，現開放為國家公園。）

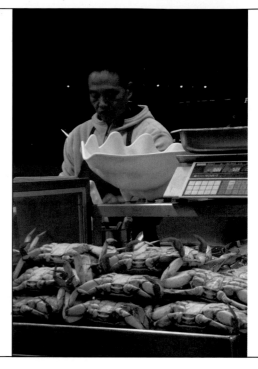

舊金山

右：漁人碼頭的螃蟹攤。

左：舊金山的朋友——扁兒和小毛夫婦。

全世界最陡的街道

　　九彎十八拐的花街也很特別。站在底下看著，一盞一盞的車燈順著全世界最陡和最彎的坡滑下來。好像在玩火焰大挑戰遊戲一般高難度。舊金山有著世界上最高低起伏的街道，若非親眼所見，真是很難相信。在這裡開車簡直是高難度，走路也不輕鬆。有一次我一時興起，走了地圖上短短的一站距離，啊！簡直像是攀登聖母峰，當場爬坡爬得氣喘吁吁，全身溼透，差點沒在路上斷氣。

　　除了地勢起伏，舊金山的多元文化也是特色。就像一個彩色拼盤，拼貼出舊金山全景。中國城區、小義大利區、日本人區、嬉皮區、同志區，大家各據一方，各得其所。

舊金山的扁兒和小毛

　　來到舊金山最讓我難忘的，就是收留我的扁兒和小毛這對台灣夫妻。他們是朋友Simon的高中同學，現在長住在美國。扁兒是矽谷工程師，小毛從事都市規劃，他們是我見過最懂得經營生活樂趣的夫妻。從親手佈置創意家居，到一起烤餅乾招待好友，假日他們還會開車到美國各地露營或爬山。他們家位在Fremont站附近，大房子裡有無線網路、游泳池、還有我最喜歡的兩個大壁爐。真是舒服得讓我捨不得離開。

鐵路之旅　Ocean to Ocean！另一個長征

搭上太平洋鐵路的特快車 →2004年2月16日 →還剩23天

『鐵軌順著山勢蜿蜒而行，有時攀附在山腰側，有時懸掛在峭壁上空，遇到轉角便以大膽的幅度轉彎，看似山窮水盡的峽谷也照闖不誤。火車頭除了大燈射出黃褐色的燈光，還有銀光閃閃的鐘和如馬刺般突出的排障器，閃亮耀眼，不時發出尖銳的鳴笛聲與響亮的轟隆聲，與湍流和瀑布的水聲唱和，吐出的煙霧也在墨黑的冷杉枝葉間盤旋繚繞。』 ～1873年 朱利凡爾納《環遊世界80天 》

上述描寫，讓我對太平洋鐵路特快車充滿期待。「Ocean to Ocean」，這是美國人的說法，而這三個字也代表了連接美國本土極東與極西點的那條長程幹線。想像中，火車二十英里的時速（這是1873年的速度，時至今日應該更快），日以繼夜向前奔跑，經過草原、丘陵、沙漠、高山、懸崖，穿過城市、鄉村、小鎮、農場、無人荒野，沿途景物如電影般不斷變化，各州的風土民情就像各地口音般不同。美國是我沿途經過最大面積的國家，這樣一個超級大國，用鐵路跨洲長征一定很過癮吧！

我順著故事中的路線抓出脈絡，要像故事主人翁走的路線，我想沿著現在的California Zephyr（加州西風之神）火車路線走，應該就錯不了。老實說我也不知道沿途要停靠哪些點，還好這個火車聯票符合我善變的個性，可以說改就改，只要在預定的時間內使用就可以。而「未知」是旅行中最誘惑人的部份，也是探索世界最不可或缺的迷人元素。在出發前我很興奮地在網路上找到「Amtrak15天火車通行證」（$295 USD），我在行李箱裡匆匆拋入兩本「美國風土大觀」簡介，加上在舊金山好心的朋友——扁兒和小毛塞給我的沿途各州地圖。這樣夠嗎？我也不知道，管它的，就上路吧！

加州風光多變化

《環遊世界80天》小說中描寫的鹽湖城好像很有趣，所以，第一站我就先拜訪這個摩門教的聖地吧！扁兒和小毛送我到車站，Amtrak雙層的火車看起來很壯觀，鐵皮外表在陽光下閃閃發亮。比歐洲、埃及、印度等地的火車看起來都還要棒。車廂裡人不多，每個人都可以獨佔兩個座位。一切就定位之後，我突然意識到，從現在開始就是自己一個人了。

正沉浸在興奮與孤單交錯的心情中，身旁的旅行者突然拿出一架超大型的數位攝影機DV，對著左邊窗外

Amtrak的火車餐車。

猛拍。仔細瞧，左邊蹦出的正是旅程中的第一幅美景——San Paolo Bay，美麗的湖灣在晨曦中閃閃發光。這時所有的不安情緒一掃而空，趕忙也拿出DV和相機捕捉美麗的畫面。火車經過Carquinez之後，左邊出現了一列群山，右邊著維持著一汪碧水，來到了Martinez站之後，鐵軌往左轉彎，火車開上了Bernicia-Martinez橋。接著，經過了一望無際的草原、灰濛濛的沼澤地、布滿牛羊的田野、還有休耕後的農地、開滿粉紅花朵的李樹（Plum）、高高尖尖的寒帶樹木、一片南國風光棕櫚樹。隨便一片農地，都比足球場大上幾倍，美國的地廣人稀，總算見識到了。

「裁縫車男人」美國現身

　　風景看累了，火車就像是個大型的搖籃，可以幫助睡眠。當火車經過薩克拉門多時，所有的乘客包括我都昏昏欲睡。薩克拉門多是一個大站，有特別多的旅客在此上車。

　　在我正想閉目養神時，左邊座位上的衣服被挪開，一位約莫三十歲左右的美國男性，在我身旁坐下。他的身高約莫一百八十五公分，塊頭很大，穿著牛仔寬短褲及白色T恤，留長髮紮馬尾，包著一條藍色的頭巾。一上車之後坐定，列車還沒開動，一邊等待，他就開始無意識地抖動著大腿。

　　其實很多人會有這樣的「無意識抖腿」動作，尤其以男性居多，以前我還曾經在報紙上看過一篇文章，戲稱這種男人是「裁縫車男人」。因為沒事會突然旁若無人的抖腿，動作就像踩著裁縫車一樣。有的人速度還會不斷加快，更厲害的，踩的頻率還會「多段變速」。哈！原來「裁縫車男人」不只台灣很多，在美國也有！旁邊這位老兄踩裁縫車的動作簡直像大地震。睡意正濃之際，這樣的干擾讓我煩躁不已。

有超大觀景窗的特殊車廂。

　　他上車之後，左顧右盼了一陣子，一會兒，他找到了目標，就跟左後方的兩個美國男性，用可樂乾杯，開始大聲交談起來。三個人從天氣、個人背景聊到電視明星，還有百聊不厭的足球，越聊越麻吉。聊天的聲音與笑聲，穿透我的夢境，好像從水底傳出來，還有回音，我開始做著各種奇奇怪怪的夢。但由於這位大塊頭老兄總是向左後方轉身，每次聊完轉身回來，還會粗手粗腳不小心撞到右邊的我，讓我數度從睡夢中驚醒。雖然他也會立即道歉，但是沒過多久，歷史就會重演，讓我的睡眠痛苦指數不斷向上攀升。

　　罷了！看來這個覺是睡不成了，我索性起身，往觀景車廂走去。

　　唉，很不想把這樣的個案歸類於「美國人」的個性。但有時他們其中某些人，太過大剌剌旁若無人的那副德性，真是，唉唉唉……令人不敢恭維。

觀景車廂欣賞雪景

　　美國的火車，除了餐車之外，車上還有觀景咖啡廳。整個列車都設置了大型的落地窗，在這裡邊喝咖啡邊欣賞美景，真是一大享受。不像我在印度搭的火車，只有下鋪有一面小小暈黃的窗子（上鋪還沒有窗子喔！），透過橘黃色的玻璃窗，害我對印度大陸只留下「一片橘黃色的原野」的印象。

　　透過這個豪華的觀景窗，在火車穿過下雪的洛磯山脈時，美景一覽無遺。就像是大型的潑墨山水畫一般，黑與白的世界。壯觀美麗。

　　其實Amtrak的服務做得還不錯，真搞不懂為什麼火車的利用率在美國一直無法提升。據說Amtrak除了少數精華路線之外，其餘都是賠錢的多。

鹽湖城　摩門教朝聖之路

鹽湖城夜半旅店→2004年2月17日 →還剩22天

　　火車駛入鹽湖城的時候，已是凌晨三點。

　　火車旅行美國最怕的就是半夜到一個荒涼的站，前不著村後不著店，走路到最近的旅店可能都要1～2公里。旅行前就聽過兩位女性旅人在伸手不見五指的夜裡走到心裡發毛，問路時還險遭強暴的真實故事。偏偏鹽湖城這站，每天唯一一班火車抵達和離開都是在半夜3點左右。所以在舊金山時，熱心的扁兒和小毛，幫我上網找遍了鹽湖城的大小旅館，只有一家Little America旅館，願意提供免費接送服務。價位雖然略高（$79USD。這是這趟旅行最貴的一次住宿）。但考慮安全還是接受了，如果要我扛著重重的行李，半夜三點一個人在雪地裡走一小時，可能付出的代價還更高。事後證明這絕對是正確的決定。

　　旅館接送車開進鹽湖城，半夜的鹽湖城沒有半個人，只有寥寥幾盞街燈。路旁堆著未融的積雪。走進飯店，火爐裡燒著暖暖的火。紅色系的裝潢，氣派中帶有溫暖，感覺很棒。我的房間是一間像小木屋一樣的平房，裡面應有盡有。對一個坐了17個小時火車的旅人來說，這裡彷彿就是天堂。打電話回台灣報平安後，滿足地鑽進大大的碎花布雙人床，邊看著電視，邊緩緩沉入夢鄉。

　　睡到中午時分醒來，懶懶地推開房門，白色的雪堆滿門口的樹叢，呼～好冷！鑽回屋裡，我煮了一壺咖啡，邊讀著資料，邊就著麵包水果開始我的第一餐。

現代耶路撒冷

　　書上說，鹽湖城位於猶他州，是著名的摩門首都，教徒稱此地為「現代耶路撒冷」，或是「聖徒城」。講起摩門教，台灣人應該都不陌生。常常可以在台灣街上，看到兩人一組的摩門教士，騎著腳踏車四處傳教。而鹽湖城就是摩門教最重要的根據地，城內有超過百分之五十的人口信仰摩門教，而摩門教的聖堂、總部也在此。在《環遊世界80天》這本小說中，佛格和萬能在經過鹽湖城時，遇到一位摩門教的傳教士，他在車廂裡傳教。教士以憤怒的語調，控訴著當時美國對摩門教先知的迫害。而作者朱利凡爾納先生，也不忘記在書中對摩門教一夫多妻制的傳統（後來已廢除）好好地調侃了一番。

　　仔細想想，我這趟旅行好像跟所有宗教聖地非常有緣，從天主教的梵蒂岡；基督教、伊斯蘭教與猶太教的

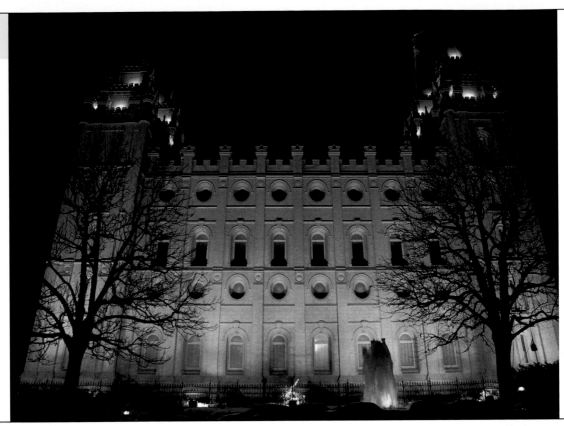

耶路撒冷、佛教的鹿野苑和菩提迦耶、印度教的瓦拉那西，現在是摩門教的鹽湖城。或許這是神透過各種形式的宗教在對我殷殷呼喚也說不一定。

抱著研究與了解的精神，我搭了市區的免費公車，來到了著名的聖殿廣場。出乎意料，這裡的姊妹們（摩門教徒男稱弟兄，女稱姊妹）用非常親切的態度迎接我。在詢問過我的國籍之後，她們很有組織地透過隨身對講機，為我找到一個台灣的導覽者——陳姊妹。

陳姊妹一邊帶我參觀，一邊為我解釋了摩門教的完整歷史。「摩門教」正確的名稱應該是「耶穌基督後期聖徒教會」，由先知斯密約瑟在美國東部所創立。他自稱1830年得天書「摩門經」，故而得名。1847年，美東的摩門教徒因為宗教信仰受壓迫，被迫長途跋涉千里，尋找與世無爭的地方。當時他們看到眼前這片不毛的鹽鹼山谷時，心想，就是這裡了，遂決心在此定居。

據說當天放下行囊後，摩門教徒就播下第一批莊稼種子，後來莊稼成熟後還曾經遭遇蝗蟲襲擊。但信仰帶來神蹟，一群海鷗適時出現解救危機。教徒還因此立碑紀念。之後摩門教徒齊心協力，將這座城市建立成心目中的天國之城。

遇到一位摩門教徒，又是跟我年紀相當的台灣女生。我對她的好奇心其實遠超過她正在介紹的摩門教史。

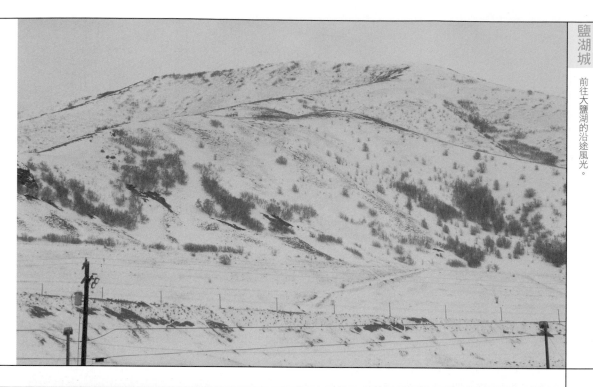

她告訴我，她是在日本求學時接觸摩門教的。也因為了解而慢慢接受信仰。而摩門教傳統，男性弟兄成年時會到國外傳教兩年。而女性教徒則相反，世界各地的姐妹，會自願來到鹽湖城服務兩年。在這兩年間，他們過著幾乎不與外界聯絡的生活。懷著熱忱擔任各式工作，像導覽就是工作之一。能為來自各地的人介紹摩門教，她很開心。

如果可以全心投入信仰而感覺快樂，那麼必是幸福的人。雖然我不完全能相信並瞭解他們所說的教義，但我百分之百尊重她們的選擇，也感受他們的誠懇熱情。越旅行越發現，這世上不瞭解的東西非常的多。對未知的恐懼，也常常讓一群人去集體迫害另外一群人，尤其是宗教信仰不同更是如此。150年前的摩門教徒如是，兩千年前的基督徒不也如是？

雪地裡的大鹽湖

來到鹽湖城的隔天，我參加了旅館提供的一日遊（$79USD）。跟著美國導遊還有一對瑞典夫妻，一起拜訪著名的大鹽湖（Great salt lake）。

大鹽湖最受歡迎的季節是夏季。像死海漂浮一樣。每年夏天會有來自世界各地大量遊客漂浮在鹽分25%的大鹽湖上面。而像我們這樣，冬天拜訪大鹽湖的人很少。不過逆勢操作反而有另一番樂趣。整個湖邊就只有我們幾個人，可以對著廣大的湖泊大聲喊叫。因為天氣真的很冷，湖水有部分也開始結冰。仔細看看，有一種蒼涼的美感。感覺真是棒呆了！唯一遺憾就是沒看到傳說中2年前從動物園逃跑出來、目前流浪在這一帶的明星鳥佛朗明哥。大概太冷了，躲起來了！

導遊對於冬天帶我們來卻什麼都不能做感到抱歉，在回程時還特別拐進著名的銅礦區附近，要帶我們到他小時候常常看到北美馴鹿的地方，去找這種「世界上最美麗的動物」。可惜馴鹿也很不給面子，全都躲起來了。美國導遊無奈聳聳肩，大家倒也算滿意了。然後我就開心地回到鹽湖城，鑽進暖暖的旅館裡烤火去了。

New Skin直銷商年會

鹽湖城也是New Skin的發源地，適逢一年一度的年會，滿街都懸掛年會的旗幟。難怪我一到鹽湖城，就有很多人問我是不是傳銷商。一起去大鹽湖的瑞典夫妻，也是專程來參加New Skin鹽湖城年會。這對夫妻聽說我在環遊世界，馬上主動表示，如果我到瑞典絕對可以借住他們家。因為她們有四個女兒，每個都喜歡到處旅行，成天「趴趴走」。一個跑到柬埔寨長住，還有一個長年在歐洲到處亂跑。所以他們倒是非常、非常知道，「女孩們到底在想什麼」。

錯過的綠河站

我的下一個目的地綠河站（Green River），是個沒沒無名的小站。

而出發前我在Google搜尋綠河站，卻意外發現一堆「綠河殺人魔」的新聞，嚇得我一身冷汗。（美國史上最惡名昭彰的連續殺人犯綠河殺人魔2003年11月在西雅圖當庭認罪，承認自己在1982到1984年間先後殺害

四十八名婦女。）

　　但仔細比對，這個綠河殺人魔出沒的地點，應該是在華盛頓州的綠河，而《環遊世界80天》中提到的綠河站，應該是在懷俄明州。全美國不知有多少地方都叫做綠河呢！所以我安慰自己別怕。在Amtrak火車站訂位時，售票員上下打量了我很久，好奇地詢問我為何要去那裡。他警告我：「綠河站很少住宿地，若不是自己開車，去到那邊恐怕很不方便。」在我堅持下，他還是幫我訂了位。而在鹽湖城我曾仔細詢問旅客服務中心，也沒有任何綠河站的住宿與交通消息。工作人員還當場建議「不要去」。好像我即將前往的地方，是某個月球角落一般。固執的個性一旦被喚醒，越叫我不要去，我偏要去。凌晨3點，我搭著旅館的免費接駁車來到Amtrak車站，坐在小小的候車室等車。

　　從3:35一直等到5:20，火車也誤點太久了吧。忍不住詢問胖胖的票務員，他說火車因為沿途天候的問題嚴重誤點，要到明天才會有到綠河站的車。他再度警告我，現在綠河站那一帶大風雪，勸我「真的」別去。

　　聽到這個壞消息，好像抽掉了疊疊樂最下面一塊積木。我一路強撐起的決心終於瓦解。不想耗到明天，也不想逞強進入風雪區。雖然對綠河站仍充滿好奇，但我並不希望最後出現眾親友來美國緊急救援的結果。在別無選擇情況下，我聽從胖胖票務員建議，搭Amtrak提供的公車，前往另一個地點——Glenwood Springs。

山城中的溫泉鄉

旅行有時候就像人生——總是充滿意外。有時以為錯過了，但後來才明白一切都是最好的安排。

當公車駛向Glenwood Springs山區道路時，我從睡夢中半睜開惺忪的眼睛，看到了這趟美國之旅讓我最難忘的景象——一望無際連綿不絕的雪山，從車窗外鋪天蓋地地蔓延過來。雄壯開闊的氣勢，柔和但鏗鏘有力。我們小小的公車，奔馳在這一片廣闊無言天地，彷彿飛向無盡宇宙的小小太空船般，看不到邊界。我當場看傻了眼，捨不得移開視線。

車子在傍晚來到Glenwood Springs，這是一座四面環山的小小山城，我把大行李寄放在車站，背著小背包走向大街，尋找這兩天的落腳處。

Glenwood Springs的青年旅館真是棒，整個客廳地板上，放置了一箱一箱主人收藏的黑膠唱片，至少有幾百張，好像村上春樹在《國境之南、太陽之西》中描寫的情節——滿屋子的黑膠唱盤，像另一個世界似的等待發掘。接下來的時間裡，我在Glenwood Springs的最主要活動，就是把自己埋在大大的沙發中，像阿始和島本一樣，一面盯著旋轉的黑膠唱盤，一面浸淫在流洩出的輕柔音樂中。

偶爾也會有不甘寂寞的旅人，坐下來湊熱鬧，氣氛霎時喧鬧起來。在這裡大家百聊不厭的話題，就是滑雪。來自世界各地的滑雪客，不斷談論著滑雪經驗，哪個滑雪坡最有挑戰性，哪座山巒目前還沒把握……裡面甚至有一兩個已經滑遍世界各大滑雪勝地的職業好手。講到滑雪，我是躍躍欲試的，但對像我這樣獨自旅行的人來說，似乎太過奢侈。裝備租用費用昂貴是其次，如果不小心跌斷腿，叫天天不應，那多麻煩！所以我只把這個小小的希望放在心裡，留待下次準備更周全時再去實現。

Glenwood Springs鎮如其名，露天溫泉就是它最大的特色。當我換上泳裝，在冷風中緩緩踩入熱騰騰的池水時，旅途的勞頓立刻煙消雲散。我暢快地游泳在寬闊的池裡，像一隻熱帶魚找回了海洋的記憶。偶爾不耐高溫，再換到旁邊冷水池中。在這裡泡溫泉最棒的事情，就是白天可以一面泡一面欣賞山峰上的積雪，晚上則可以仰望滿天星星。雖然旁邊都是一對對的情侶和全家老小出遊的組合，看久了難免有點落寞，但美景當前，也實在沒有什麼好埋怨的。

隔天一早，我搭上了著名的纜車，前往附近的山頂一窺這座山城的全貌。山頂上只有一間小商店，賣著各式的紀念品。在觀景台上俯瞰著Glenwood Springs整齊的街道時和山景時，天空中突然飄起雪來。來美國一直期盼下雪，終於下了！我伸出手接住一朵朵小小的雪花，上面的結晶形狀分明，小小的結晶在手心上慢慢化開。這座山城的美我已經領略了幾分，心裡覺得「滿意了！夠了！」下山慢慢走回車站，開始動身前往下一站——丹佛（Danver）。

丹佛　兩個不同方向的環球旅人

Around the world in 80 beers→2004年2月19日 →還剩20天

「科羅拉多」的意思是紅色，是因為落磯山脈上的紅色岩石而得名。穿過山脈，首府丹佛彷彿以現代城市之姿迎接我這個旅人。熱心的車站人員幫我招了部計程車，送我到青年旅館。

隔天一早，砰砰的敲門聲把我嚇醒。和唯一的室友cathy跳下來開門，卻見到一位陌生男子站在門口。說要找「台灣女生」──當然就是我。

這個叫做Jason的澳洲男生說，他有丹佛博物館的兩人同行免費優待券，希望我可以一起同行。原來是昨晚抵達時我詢問櫃檯的工作人員，丹佛有什麼好玩時，對博物館顯出了一些興趣。我有興趣，而Jason手上有兩人免費招待券，工作人員乾脆幫我們配了對。看著他，爽朗的笑容不像壞人，也好，就去看看博物館吧！走出青年旅館，邊等公車，邊聊了起來。

當他說他現在正在做環球旅行的時候，我簡直不敢相信自己的耳朵。這……這也太巧了吧！竟然遇到同樣在環遊世界的人。我們比對著各自的路線，發現我是向右邊走，他是向左邊走。就像幾米的繪本《向左走，向右走》的劇情，兩個不同方向的環球旅人竟然在美國中部的丹佛相遇，這樣的機率真是不到千分之一。帶著滿腹好奇，一面參觀丹佛博物館裡面的恐龍和動物標本，我們一面嘰嘰喳喳地交換沿途的經驗和難忘回憶。雖然Jason澳洲腔的英文口音很重，有時要請他重複兩三次，我才能聽懂他的意思，但無損於我們的溝通。他說，他的旅行是從澳洲開始，一路往西。中途錢花完了，還曾在英國的pub打工幾個月當bartender，籌措到旅費後再繼續走，丹佛是他在美國的第一站。旅行過美國之後，他即將回到澳洲。甚至他也把沿途遇到的景象和拍到的照片傳上網，與朋友們分享（大家真是有志一同）。

經過了將近一年的旅行之後，現在已經進入倒數一個月。問他旅行這麼久，會不會害怕回到現實生活？他笑說，他現在的心情就像一個人工作了一整天後，在開車回家的途中。滿心想著可以回家會看到家人，還有一群久違的朋友，心情輕鬆興奮居多。參觀完博物館後，我們邊漫步在丹佛市區，還在繼續聊。

相對於我「Around the world in 80 days」，他說他是「Around the world in 80 beers」（泡在八十種啤酒中環遊世界）。因為他在旅程中幾乎每晚都泡在Night club和pub裡消磨時間。喝遍世界各國啤酒，最喜歡的是德國啤酒（跟我一樣）。他簡直可以寫一本介紹全世界Pub的書了。在他的推薦下，我們來到他口中丹佛最棒的一

家Jazz Pub（地址: El Chapultepec, 20th & Market, Denver, Colorado 80202 電話 (303)295-9126）。這是個有現場表演的小酒館，氣氛溫馨活潑，東西也便宜好吃。台上的爵士樂團優雅又慵懶，充滿即興感的演奏，彷彿回到了30年代的世界。表演結束後，邊哼著音樂的旋律，我們腳步輕盈地走回青年旅館。

　　隔天，我們相約到附近的大學城區散步，大學城裡有著各種年輕人感興趣的玩意兒，還有熱鬧的街頭藝人。不過這裡的街頭藝人並沒有創新，還是踩著高高的輪子，邀請觀眾上台玩拋接瓶子的傳統戲碼，走遍歐洲全都如此，好像是一個不成文的規定似的。

　　在晚上我離開丹佛前，等車的空檔，我們相約在車站前的小酒館吃臨別晚餐。我拿出留言本請對他留言。很有趣，他也有一本留言本。像寫畢業紀念冊，我們彼此交換留言。

　　他說，他曾要求過無數的朋友在本子留下紀念，沒想到今天風水輪流轉，也要輪到他為別人寫功課了。他半開玩笑地寫道，他曾用他的個人機智與魅力想要吸引我，可惜我終究不為所動……最後留下「Travel as we want，live as we want」的話語，互道離別。而依照慣例，我在他的筆記本裡畫了一幅畫。畫中我們兩個人坐在地球上一張桌子前喝著啤酒，他的背影是他最愛的恐龍（這是我們參觀博物館時他說的），我的背影則是一朵花（Fiona這個名字代表Beautiful as a flower，這也是我的自我介紹台詞之一）。看著這張圖，他笑得合不攏嘴，直說這是最好的禮物。互道珍重之後，在車站大廳我們各自轉身離去，往各自原先預定的方向繼續前進。

　　在前往下一站奧馬哈的火車開動時，我不禁想著這兩天的相遇，雖然短暫但卻充滿歡樂。旅行的人有時真要帶點無心，才能從不斷相遇和離別的情境中抽離開來。就像打包時絕不能手軟，到了說再見時真正能帶走的，也不過是珍藏在彼此心中的回憶罷了。但即便如此也已經足夠。

奧馬哈　一個旅人在新市集

奧馬哈冷夜驚魂→2004年2月21日 →還剩18天

　　在奧馬哈，從投宿的旅館（Comfort Inn $54USD）門口出來，公車像是故意跟我開玩笑，一個小時都沒有動靜。把心一橫，我乾脆用走的到市中心。美國果然非常大，我足足花了半個小時才走到市區。路上一棟棟平房，但除了偶爾狂吠的看門狗跟自己的影子之外，路上幾乎沒有半個人。

　　在奧馬哈著名的Old Market裡，到處都是古董店，精緻的居家擺設，還有趣味盎然的小玩意。在美國只要超過一百年的東西，就算是骨董。甚至很多美國人的家庭老照片，也成為蒐集的對象。最有趣的是有一家刺青店（1123 Jackson ST. OMAHA），裡面的年輕師傅們正聚精會神地幫客人刺青。美國年輕人喜歡在身上刺青或穿孔的戀皮膚癖，早已蔚為潮流。這裡圖案很多，還有許多日本字和中國字可供選擇。看著看著不覺好笑。刺上「福」、「美」、「龍」、「勇」我都可以理解，但刺上「不景氣」、「葬儀屋」、「喜悲劇」、「死」、「血」、「犯人」的字樣，這……也實在太炫了點吧！我在舊金山遇到一位手臂上刺著「麗貝卡」的美國女生，她說她正在學中文，這個名字刺青讓她可以輕易地和中國人打成一片。在德國遇過一個手上刺著「單一性」的男生，他說單純的人生是他此生追求的目標，我也可以理解。如果有一天，真的讓我遇到選擇「不景氣」、「葬儀屋」等字樣的人，要好好問問他們是怎麼想的，一定有很炫的故事在其中。

　　逛完街天已全黑，信步走到公園。冷風凜冽，來到階梯口，很想下去看看結冰的湖，但放眼望去，公園裡沒有半個人，正在猶豫時，卻看到遠處一個高壯的男人提著一口大大的袋子，緩緩向我走來，他一步一步走向公園的湖邊，還慢慢地抬頭看了我一眼。這個場景我在電影裡看過，不會是連續殺人魔正準備棄屍吧！想到這裡，心裡不禁發毛。趕緊三十六計走為上策，跑離現場。一個人的時候特別容易有被害妄想症，天曉得，說不定那人也想說：「小姐，我只是倒個垃圾而已，啊！妳幹嘛跑那麼快？」

　　我不排斥獨自旅行，一個人旅行時間或是預算都可以自由變更，不必在意同伴的反應也能輕鬆隨意和當地人交談。但優點同時也是缺點，就像自由與孤獨同義，獨處久了，偶爾也會覺得疲憊。隨便遇到一點點事情，容易變得緊張兮兮。

右上：奧馬哈的牛排。
右下：琳瑯滿目的刺青圖案任君挑選。
左：聚精會神的刺青師傅。

受到這個驚嚇之後，我獨自回到旅館，鑽進暖暖的被窩，還好睡得著，竟然還能平靜地沉睡入夢。

奧瑪哈的牛排

　　奧瑪哈是世界上最大的牲畜市場和肉類加工中心。也是內部拉斯加州最大的城市和經濟中心。來到這裡，當然不能錯過這裡的牛排。走進當地人向我推薦的餐廳（Upstream brewing company。514 South eleventh street Omaha Nebraska）點了一客牛排（$19.95USD），果然柔嫩多汁，天生的好吃。肉質鮮美、嚼勁適中，不必加鹽或Sauce就很可口。

芝加哥　狂歡縱飲的爵士天堂

妹妹前來會合→2004年2月23日 →還剩16天

　　今天最令人興奮的消息，是妹妹要來會合了。在回台灣補辦簽證之後，妹妹終於如期趕到芝加哥。前一天，我先到芝加哥，找青年旅館安頓妥當。今天一早，順利在機場接到妹妹。看到她又歸隊了，想想之前自己一個人的旅途，覺得非常高興。

　　回到青年旅館，由於是淡季，旅客少，所以我們兩個獨占一整間六人房，硬是把宿舍房間住成了個人套房。雖然如此，還是覺得很貴。芝加哥的青年旅館，幾乎是我們曾經住過的世界上最貴的青年旅館（24 East Congress Pkwy Chicago/312-3600300），他的優點是位於寸土寸金的黃金地段，交通發達，設備先進，徒步可走到著名的密西根湖畔，所以最後不得不選它。

　　妹妹稍微休息調整時差之後，我們搭乘高架鐵路電車到街上逛逛，來到著名的North Loop劇院區，五光十色的霓虹魅惑人心。芝加哥的夜晚是華美的。就像我們的心情。我們找了一家號稱「全世界最好吃牛排」的牛排館（Miller's Pub 地址: 134 So. Wabash . Chicago IL 60603 電話: 263-4988），各點了一客大大的牛排，配上啤酒，慶祝姊妹久別重逢。

　　隔天，搭乘公車和在芝加哥繞街，芝加哥的建築果然名不虛傳，著名的Tribune Tower（論壇報大樓）、圖書館、還有「壯麗大道」購物區都很具風味。尤其是建築物前的裝置藝術更是各異其趣，也因為藝術融入生活，冰冷的城市才變得讓人容易親近。我們來到了著名的Navy Pier，位於密西根湖畔的這個碼頭簡直就是一個大型的兒童遊樂園。妹妹興奮嚷著要搭摩天輪，我們順著摩天輪緩緩上升，一面遠眺著密西根湖的浮冰，一面回望著芝加哥的高樓大廈。

　　在芝加哥市區漫步時有一種體驗，有時走在路上，穿越建築物之間，你會突然感受到一陣極冷和極熱交替的三溫暖，不是別的，就是從密西根湖吹來的陣陣冷風。通常躲到背風面時會感受到臉上一陣燥熱，再出來時冷熱交替，令人難以消受。來到湖邊尤其厲害，勁風夾著湖上冰雪未融的超低溫席捲而來，當場把我們的眼淚鼻涕都一併催化出來。旁邊有位穿短褲的美國女生，兩條大腿凍得紅通通。我們在戶外待了一會兒，連忙躲到Navy Pier室內。藉熱咖啡和熱食解解凍。這裡室內充斥著各式紀念品商店和速食店，就像華納威秀或是任何一個百貨公司地下樓一樣。中間表演區還有兒童劇團表演雜耍，逗得觀光客和小朋友開心不已。

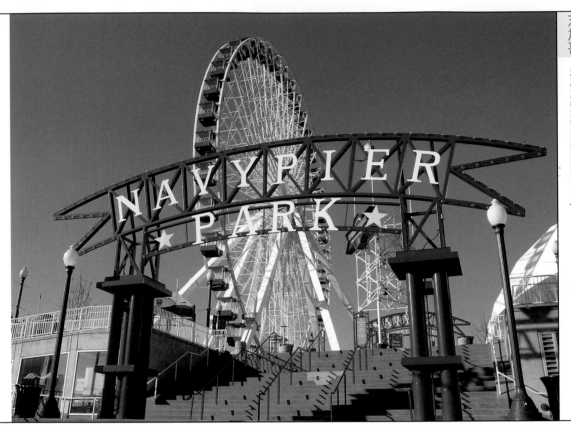

與天爭高的摩天大樓

不知為何，我對芝加哥沒有太大好感。也許是它凡事爭第一的霸氣，但一部分的原因，我想是跟摩天大樓有關。

其中以號稱「世界最高的大樓」的Sears Tower Skydeck 希爾斯大樓（422公尺，含天線527公尺）最為有名。但事實上這個第一的紀錄已被新加坡雙子星大樓（452公尺）還有在去年TAIPEI 101大樓（508 公尺）開幕後被打破了。不過既然來了，我們還是不能免俗地要去朝拜一下這個曾號稱世界之最的殿堂。

參觀Skydeck一定要預留半個小時的時間，因為從樓下開始，就要層層通關，必須循著既定的程序來。從安全檢查、搭電梯到等候樓層、看一段長達八分鐘的簡介電影（介紹摩天大樓的建造與特色，並且一直強調這是世界上第一高的建築物，人類的偉大成就，而且這部份影片還不能略過）、搭乘邊上升邊有卡通人物在液晶螢幕裡營造興奮氣氛的電梯，一陣折騰，最後才能到達頂樓。

透過玻璃，芝加哥著名的夜景映入眼簾。芝加哥的夜景可以稱得上美麗，他跟巴黎的夜景最不同的是可看

出美國特有的棋盤式都市規劃，好像用尺劃過般，方方正正。以一個建國只有短短200多年卻發展成世界強權的國家來說，建設得這麼好，真的不容易。但為了要上到頂樓，中間必需經過的層層商業化宣傳也讓我反感，走遍世界各地，還沒有看過一個地方這麼拼命說自己好的！

人們是否真的需要這麼高的摩天大樓？見仁見智。但摩天大樓多少代表人們與天爭高的野心，還有資本主義社會裡彼此競爭的企圖心。馬來西亞雙子星大樓、紐約克萊斯勒大廈、上海金茂大廈、希爾斯大樓、甚至倒下的雙子星世貿大樓，都曾經頭頂過「世界第一」的光環。台灣前一陣子TAIPEI 101揭幕後，馬上傳出，台灣享有「世界第一高樓」的好光景，可能只有3年。大陸上海浦東傳將蓋更高的樓，2007 年將取代台北成為世界第一。然後南韓也宣佈要蓋一棟更高的，真是世界第一人人搶。

諷刺的是，在911世貿大廈遇襲事件後，歐美國家漸漸對摩天大樓敬而遠之，而在亞洲地區卻仍競相建造『世界第一高樓』，以此做為經濟財力與國家實力的象徵和炫耀嗎？而當初眼睜睜看著雙塔倒下的美國人，心裡又是怎麼想的呢？

紐約　自由、藝術、頹廢的世紀之都

探訪911的地面零點→2004年2月26日 →還剩13天

　　911恐怖攻擊發生已經快三年，但是我們的朋友Niny講起當時的情形還是心有餘悸。她的學校就在事發現場附近，她記得當時學校停課了好久，所有學生在學校的補助下都住到其他的地方去。她有個學姊，像平常一樣吃著早餐，準備要上課，就看著飛機撞上大樓，接著眼看著它倒下來，她嚇得當場哭出來，怎麼會這樣？

　　我和妹妹，在拜訪完自由女神像回程時，看著曼哈頓的景象。突然聽到一群人圍在一起指指點點「就是那邊！」原來牆上貼著一幅曼哈頓的舊照片，那是911之前拍的。一樣的角度，不同的時空。兩相比較，清清楚楚可看出曼哈頓的地平線缺了兩個最高的角──雙子星大樓不見了。那麼高的樓，竟然就不見了！親眼看到這樣的景象，現場的氣氛頓時變得哀傷。

　　我們到達雙子星大樓遺址時，現場很多人。表情肅穆，面對遺址默哀。透過柵欄，可以看到約一平方公里的地方，還是廢墟一片。地面零點（ground zero，本為軍事用語，指核爆點，引伸雙塔倒塌地點），是很貼切的稱呼。偌大的廢墟裡，還可以見到鋼骨、鋁製牆面、塵土、紙張和爛泥。當時在電視上反覆播送飛機撞大樓的畫面，又出現在腦海中。很難想像這麼兩棟大樓陸續倒下來有多麼驚心動魄。當時媒體形容景象宛如末日，「周邊建築物或被開膛破肚，數以百萬計的窗戶破裂，被天外飛來的樑柱撕裂……」；「煙塵混濁，夾雜著氣體、桌子、檔案櫃、電腦、食物、人體轟然而下……」。對美國人來說，這裡是個被摧毀的世界。

　　911帶來了對生命無常的感嘆，加劇美國人對恐怖份子的仇恨，但在另一方面，也有許多美國人開始認真反思，為什麼世界上其他地區有人對美國人如此憎恨？美國在世界上的所作所為到底哪裡不妥？對於一向以「世界警察」自居的美國人，911事件對美國介入國際事務，提供了更多的省思。

　　最近看到美國時代雜誌報導。有一個美式足球明星，在911發生後，毅然放棄三年三百萬的合約。加入軍旅。並從此低調，婉拒訪問、出書、表演機會。他不幸地於5月阿富汗戰役中殉職，令美國人唏噓不已。雜誌中稱許這是一種深刻的奉獻，但由這個例子也可以看出，911對美國人的影響，至今仍久久不散。

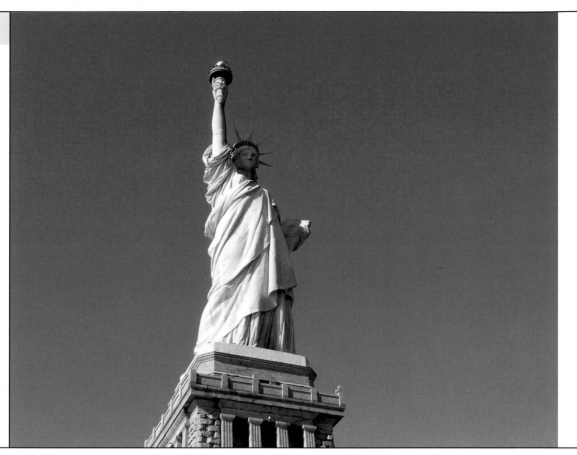

紐約夜難眠——KTV體驗

　　因為紐約朋友Charles和他可愛女友Niny的邀請，我們偶然加入了他們朋友的聚會。就是到附近的「百樂門KTV」唱歌。現場有兩群人，一群是Charles的朋友，多是土生土長的ABC，另外一群是其中一位朋友的學妹，都是台灣留學生。

　　剛開始不熟，連麥克風都沒什麼人要搶。兩邊各唱各的，看起來有點ㄍㄧㄥ。ABC那群很玩得開，彼此開玩笑，製造了不少笑聲。

　　你一定很好奇海外華裔年輕人們去KTV都唱什麼歌？答案跟台灣一模一樣。他們唱著梁靜茹的「勇氣」、「如果有一天」。周董的「安靜」、「龍捲風」、「星晴」。蔡依林的「你怎麼連話都說不清楚」。光良的「第一次」。陶晶瑩的「太委屈」。孫燕姿的「任性」、「很好」……等。

　　後來不知道是誰開的場，突然間冰塊和奶茶齊飛，世界大戰爆發，事情來得太快，意識過來之前，大家都

已經泡在奶茶中了。不甘心的連忙搶桌上的武器反攻。啤酒不是用來喝的，最大的功用是噴在對面的人身上。冰塊灑了滿地，像下過冰刨一樣。有人大喊說「服務生，你們天花板怎麼漏水了」！逗得大家大笑。

過不久，幾個人互相使個眼色，大家就開始玩一種新遊戲——疊疊樂。十幾個人像橄欖球員般輪番堆疊上去，只見一坨人像磁鐵吸引迴紋針一樣快速聚攏，大家尖叫與狂笑堆在一起，旁邊的人還不忘鼓掌叫好。一陣哀號聲傳出來，疊在最下面的，竟然是個女生。

好一群青春活潑的年輕人！ABC的圈子都這麼搞笑嗎？看他們玩得那麼瘋狂，我和妹妹不禁由衷感嘆「我們老囉！」

來到紐約，妹妹的朋友開車來接我們。因為他的好心，我們在寸土寸金的紐約能有一個免費落腳處，真是太幸福了。

PS. Charles這位在紐約收留我們的朋友。他是華人第二代，家裡經營日本料理店。而Charles本身在企業上班。長相清秀，但話不多。看起來就很像個ABC。

旅人走進慾望城市

貧窮的旅行者走進慾望城市，如果想追逐品味，肯定是對靈魂一大考驗。

華爾街證券交易所外，一個個全身名牌完美包裝的紳士淑女，宣示著資本

紐約

少了雙子星大樓的曼哈頓景象。

紐約

象徵華爾街的金融地位的金牛，據說摸金牛會帶來好運喔！

紐約

夜訪紐約時代廣場。

主義社會菁英極致品味。第五大道上，閃亮的Escada、Louis Vuitton、Salvatore Ferragamo這些名牌冷豔，卻充滿距離。

在SOHO區尋找藝術，Prada旗艦店，Banana Republic不斷與我擦肩而過。在翠貝卡的咖啡廳喝一杯咖啡，落地窗外的俊男美女摩登有型，好看得讓人忌妒。名牌在麥迪遜大道（Madison Ave）上一直盤旋到燈火闌珊。

在Century 21逛名牌折扣店，我看中了牌價1/3的風衣，對背著背包的窮酸旅人來說，這可是半個月的生活費。

到時代廣場上看著閃耀的霓虹燈，逛過一家又一家的紀念品店，我堅持不買小販拚命推銷的一千零一件T恤（我愛紐約）。

最後，我們來到這個全球物質最充裕的國家，逛到「嘴歪眼斜，腿痠手軟」，還是什麼都沒帶走。在紐約這個世紀慾望城市裡，我瞭解到自己終究無法像慾望城市裏面的Carrie一樣，全身包裹名牌，足蹬高跟鞋，出入昂貴餐廳。在紐約，我穿著自己的輕便旅行裝，到中央公園裡長椅上佔個好位置野餐，再看場街頭表演，感覺上還是比較輕鬆實在。

美國的電視影集

除了電視上正播放熱門影集六人行（Friends）和慾望城市（Sex and the City）之外。另外，美國還有一種高收視率的真人秀節目。像Average Joe，就是一群男生透過競爭想要獲得美女Joe的芳心。我看到的那一集，Joe甚至還透過最新科技喬裝變臉成自己的媽媽考驗眾男友，最後還在眾人面前當場撕下臉皮，讓男友們差點沒嚇破膽，製作單位的創意真夠嗆。另外還有「學徒」，也很受歡迎。這是讓一群年輕人輪流掌控企業專案，獲勝著將有機會擔任一家公司的CEO，所有參賽者無不卯足了勁全力表現自己，並且極力批鬥對手的無能，突顯出職場無情與人性的醜陋面。觀眾當然也看得津津有味。

這些影集凸顯出許多美國人喜歡競爭的性格。

世界上富翁最多的地方

紐約是世界上億萬富翁最多的地方。福布斯雜誌全球富豪排行榜內今年列入世界富豪的有五百八十七人。紐約有三十一位億萬富豪名列世界第一。其次是莫斯科，有二十三人。香港名列第三，有十六人。巴黎則有十人。

其中微軟的總裁比爾蓋茲，連續十年居於榜首。股神巴菲特、德國超級市場鉅子阿爾布雷希特、微軟的共同創辦人亞倫依順序名列世界上最有錢的人。

里約熱內盧　科坡卡巴那的一天

和老外一起學「功夫」→2004年3月1日→還剩9天

置身在巴西的里約熱內盧，我正和一群老外一起「練功夫」。

不論我事前怎樣想像來到巴西的經歷，都絕對想像不到會有這種奇怪的劇情發生。事情要從前天說起。

那時是我和妹妹來到巴西的第一天，在從機場到Copacabana的公車上，意外地「撿到」一個人——蘇格蘭人威廉。說「撿到」一點也不過分。因為他莫名奇妙跟著我們下車，莫名奇妙跟著我們來到同一家青年旅館，後來還莫名奇妙成為我們的好朋友，這幾天跟我們在里約熱內盧莫名奇妙地到處閒晃。

因為他說他是在「環遊世界學功夫」，這樣的「旅行宗旨」，強烈地吸引我們的好奇心，這次他是特地遠渡重洋來巴西學習一種叫做「Jiu-jitsu」的功夫。我們好奇地跟他來到「Jiu-jitsu」道館，在不了解「Jiu-jitsu」是哪們子怪功夫前，莫名奇妙就報名體驗課程。

今天妹妹感冒在旅館休息（之前密西根湖的冷風惹的禍），我和威廉依約來到大大的道館，開始我們的第一堂「Jiu-jitsu」課程。

這個「Jiu-jitsu」到底是什麼？查字典叫做「柔術」，據說是日本人傳到巴西後在巴西發揚光大的一門東方武術。威廉說這是目前在巴西「僅次於足球最受歡迎的運動」。從滿街的Jiu-jitsu教室可以看出此話不假。而「柔術」和「柔道」（Jiudo）到底有什麼不同？根據威廉的解釋，「柔道」是把「對方摔到地面上就決勝負」。而「柔術」是「摔倒到地面上以後，真正的決鬥才剛開始」。聽起來挺刺激吧！

但是一來到現場我就後悔了。現場的十幾個人裡，除了我和一位女學員外，清一色是男生。一群老外穿著整齊的柔道服，看起來好像電影「小子難纏」裡面的畫面。他們看到我這個台灣女生，臉上紛紛露出奇怪笑容，那種表情像是「怎麼會有人來送死」（至少我的理解是這樣）。唯一的女生對我非常冷淡。威廉換上自備服裝，長得像瑞奇馬汀的小個子教練借了我一套汗味十足的柔道服，穿上後，臀部上有個大大的「武」字，看起來有點好笑。教練一聲令下，魔鬼訓練開始了。

首先是繞著道場跑步，我排在最後一個。教練用葡萄牙語喊著「快快快」，這個簡單難不倒我。連續繞場跑了快二十圈後，我的臉開始紅得跟豬肝一樣。接著一陣劈啪作響，學員們開始像骨牌一樣，一個一個在地上翻滾，再到另一頭起身，架勢十足。這個看起來也不難，只要先用肩膀著地就好。輪到我時，教練突然阻止我，叫我略過這個動作。接著學員開始輪流用電影「大法師」裡面「倒立行走」的姿勢漫步過塌塌米。再用毛

毛蟲左右蠕動的方式依次蠕動過。我不顧教練的阻止，也跟著嘗試每個動作。然後是仰臥起坐，學員躺成一排，大家努力地靠著腹肌抬頭抬腿。這時候我心裡面只有一個念頭：「絕不能丟台灣人的臉」，我死命硬撐著。終於在腹肌開始陣陣抽筋時，教練喊停，暖身運動結束，正式課程開始。

這時候學員們開始兩兩成對，在地上扭成一團。連威廉也跟另一個有經驗的人搭檔起來。突然間，我好像落單的小羊一樣孤單，沒有人想跟初學者練習。

小瑞奇馬汀教練把我叫到一旁，示意我等他。接著他開始哇啦哇啦講解，示範動作給其他學員，再用空檔回頭對我這隻菜鳥「特別指導」。

出乎意料，教練竟然從「翻滾」開始教我，這麼簡單的動作還需要教嗎？如果我領悟的沒錯，這個翻滾的重點在於翻完之後要記得反手在塌塌米上「啪！」重重一拍，口中還要大叫一聲「喝！」，這時候就會有一種「功夫」的氣勢出現。

教練看我悟性驚人，很快就進入更難的動作——地板搏擊。方式是他先示範，我再跟著做。這時我躺在地上，教練跨坐在我的肚子上（我媽如果看到這樣的畫面一定會大大搖頭），示意我用巧妙的翻滾技巧反客為主，再用左右交叉的鎖喉功反攻他的喉嚨要害。這個動作看起來容易做起來難。第一次，我使盡吃奶的力氣都

里約熱內盧

巴西的科帕卡巴納(Copacabana)海灘風光。

沒辦法翻身，就像一隻翻倒的蟑螂一樣手腳蠕動，弄得小瑞奇馬汀教練哈哈大笑。後來經過幾次技術修正之後，終於可以做出有如電影裡高難度的連續翻身動作。當教練稱讚「very good!」時，我高興得眼淚差點都快要飆出來。

接著教練又示範幾個動作，都是在地板上近身搏擊的姿勢，教練發出「咿～呀～」的怪聲製造恐怖氣氛（也太入戲了吧！）我的工作就是要不斷攻擊教練、壓制他。反手扭他的手臂或扣緊要害，把他完全制服在地。直到他用手拍榻榻米認輸為止。當然教練明顯有放水嫌疑（大概看我可愛吧，嘿！我可是很認真的），但在反覆練習後我漸漸地能領會到「以柔克剛」的Jiu-jitsu武術精髓。這種功夫有點像是摔角、柔道和女子防身術的綜合體。技巧很重要，憑著我不大的力氣，但只要捉對著力點施力，四兩撥千金。一樣可以將對手制服在地，一點都不困難。

結束之後，學員們互相握手道別，有幾個還特地過來跟我say goodbye，讓我覺得挺樂。威廉則累得躺在休息區一直喘氣。小瑞奇馬汀教練露出可以拍牙膏廣告的燦爛笑容，一直慫恿我明天再來。

我在獨自灌完了一大瓶寶特瓶礦泉水後，抬著發軟的雙腿走回住處。對於我能夠平安從一群莫名奇妙的功夫熱的老外手中生還，我也覺得不可思議。雖然我不了解我這輩子還會不會用到這種集中在地板上的防禦功夫（除非遇到色狼，但我想這時直接踢要害應該更能立即見效），但拿它當女子防身術學習也不錯。而且它實在是

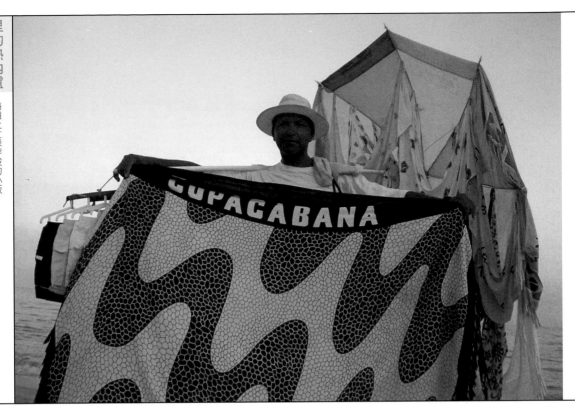

非常好的減肥運動，短短時間內，我的大腿肌、小腿肌、腹肌、背肌、臀部、二頭肌、三頭肌……每一吋肌肉都充分運動到了，簡直媲美台灣的「最佳女主角」減肥美容療程。我忍不住想喊「傑克，這真是太神奇了！」也許這家柔術館，應該考慮推出以女性為主的柔術減肥課程也不一定……嗯～絕對會大賣……我胡亂想著。

柯帕卡巴納的一天

　　「今天一定要到海灘上消磨一整天！對，就這麼辦！」。每天早上醒來，全里約市不知道有多少人同時這麼想，因為真的每天有幾十萬熱愛陽光和海水的人們蜂湧到號稱全球最美麗的海灘上。他們在海灘上玩著沙灘排球、跟朋友聊天、互相擦防曬乳、衝浪、擁抱、調情、閱讀、慢跑、思考、躺在涼椅上喝著冰涼的椰子汁和啤酒，或是在吊床上做個好夢。海灘的生活，簡直就是里約生活的縮影。而里約大大小小的海灘，像科帕卡巴納（Copacabana）、伊帕內瑪（Ipanema）、雷伯龍（Leblon）、瓜納巴拉（Guanabara）、亞波阿多（Arpoador）也充分滿足著不同族群的需求。我們在里約的住處，距離最受觀光客歡迎的「科帕卡巴納」（Copacabana）海灘步行只要五分鐘。於是，我們每天最快樂的消遣，就是到海灘上消磨時間。我們的新朋友威廉，也常常加入這個活動。

　　我在海灘上，盯著身旁的胖女人，瞧她對著大海，志得意滿地脫下T恤，露出性感的比基尼。仔細在全身

熱情奔放的森巴秀。

里約熱內盧

眼花撩亂的熱歌勁舞。

擦滿防曬油之後，將隨身帶著的布鋪在海灘上，躺成大字型（對不起，偷拍了妳～）。前面兩個黝黑晶亮的比基尼女郎，像兩隻美人魚一樣走入海裡，引起一陣口哨聲。後面的露天咖啡座播放著熱情洋溢的森巴樂。小販不斷穿梭在人群中，兜售著遮陽帽、花布、飲料、涼鞋、防曬乳、還有吊床。偶爾還有一兩輛飛機拖著白白線條劃過天空，飛行傘在天空飄浮著，襯著遠方形狀特殊的糖塔山，這畫面真像風景明信片。

　　口渴了，除了一顆顆冰涼椰子汁，走幾步路越過人來人往的大西洋大道（Avenida Atlantica），里約最富特色的現榨果汁店也在不遠處。因為看不懂葡萄牙文，威廉、我和妹妹乾脆亂點──「Pitanga」和「Mangaba」喝起來都有點詭異，「Tamarindo」（羅望子）則要加很多糖才好入口，有時點到不知名的果汁，喝起來像是把菸灰彈進沒加糖的咖啡牛奶裡面，或是路邊拔的野草打成汁再加幾滴洗潔精的味道，得捏著鼻子喝。雖然如此，我們還是每天淨撿些沒聽過的飲料點，開發味蕾新極限。

　　走幾步路嘴饞了，這一帶到處都是小吃攤。「Hot Mix」像是台灣的潤餅捲，只是把潤餅皮換成大亨堡。一條長長的麵包裡面塞滿現煮熱騰騰的魯白菜、洋蔥、青椒、熱狗，再淋上各種醬，真是過癮。「Churros」則是讓我和妹妹驚為天人的甜食，牛奶醬、可可醬、巧克力醬灌進甜甜圈材質的管子麵包中，先滾一圈糖粉，再沾一把核果，一口咬下，完美的口感，好吃得想當場跳起森巴舞，誰也顧不得它魔鬼一般的高熱量，每天都要來個一兩管才甘心。

　　夜幕低垂，滿街的巴西窯烤店就向我們招手。剛開始又期待又怕受傷害，後來搞清楚每個人只要11.56巴西幣（1Rio＝11NT），約台幣一百元左右，就能盡情吃到飽。我們就像中樂透一樣興奮，每天一定準時光顧一次。一個個侍者排隊在我們面前表演切肉串的場景，真是百看不膩。旁邊的沙拉吧區有取之不盡的美食，從義大利麵、鮮魚、沙拉、水果到傳統的豆子燉肉應有盡有，我們和威廉，就在巴西這個美食天堂的魅力中，徹底淪陷了。

　　酒足飯飽，通常以經是晚上十點多了。但是柯波卡巴納的海灘還正熱鬧。宴會森巴（pagode）和露天餐廳裡，人們還五光十色地舞動著。這時候邊吹著海風，邊逛著大西洋大道中間的市集最愜意。看著各色南美洲手工藝品、皮雕、比基尼、和嬉皮風的T恤，享受殺價的樂趣。偶爾到大海裡面踩兩下海水意思意思，我們一直要弄到筋疲力盡了，才會踩著依依不捨的腳步，結束柯波卡巴納的一天。

熱情的森巴秀

　　雖然比嘉年華會的時間晚一周到達巴西，無緣看見男女老少街頭大跳森巴舞的景象。但是里約知名的Plataforma秀（Rua Adalberto Ferreira 32 Lablon/Tel：22744022/www.plataforma.com/$100RS每人）全年無休，還是滿足了我們對森巴舞的期待。熱情的森巴舞表演，舞者漂亮的服飾，配上南美洲活潑的音樂，強烈的節奏，讓人忍不住想跟著起舞。

里約熱內盧

右：搞笑的賣衣男。
左：巴西中央車站。電影〈中央車站〉裡，市井小民生活之地。

中央車站和伊帕內瑪

在里約的第四天，我和妹妹分頭行動，拜訪各自有興趣的地點。我去到里約熱內盧的中央車站，那就是電影〈中央車站〉的拍攝地。車站周圍也是市井小民生活的地方。連上面半山腰上的貧民窟都歷歷可見。我在附近逛來逛去，好像看到電影中央車站裡的人們每天的生活場景，在市場的小服飾店還遇到一對很三八的男店員，抱著人體模特兒讓我拍照。妹妹前往代表里約熱內盧流行與時尚的伊帕內瑪區，在有名的珠寶博物館裡，妹妹遇到了一位移民巴西的華僑周旭光小姐。她熱情地介紹妹妹看了各種寶石。綠寶、海藍寶、帝黃玉、紫水晶、蛋白石和鑽石，真是眼花撩亂，美不勝收，雖然看到頭昏，幸好人還是很清醒。

來自伊帕內瑪的女孩

伊帕內瑪有一個美麗的故事。浪漫自由主義盛行的1960年代，此區有兩個精神象徵人物——詩人莫瑞斯和作曲家卓賓。有一天卓賓在他經常流連的伊帕內瑪酒吧裡，迷上了一名路過的美麗女學生。有好幾個星期，卓賓跟蹤女學生每天走的路，甚至邀請好友莫瑞斯一同跟蹤。兩人因為女學生的美而靈感泉湧，創作了流行古典樂的《來自伊帕內瑪的女孩》（The Girl from Ipanema），流傳廣遠。

我們在里約熱內盧的時候，也親睹當初那家酒吧「A Garota de Ipanema」，並且特地購買了《來自伊帕內瑪的女孩》CD音樂，作為這段美麗故事的紀念。

霧中的大耶穌像，在高處日日俯瞰里約熱內盧眾生。

右：繽紛豪華的森巴秀。

左：Fiona在巴西跟老外一起練功夫。

歸心似箭

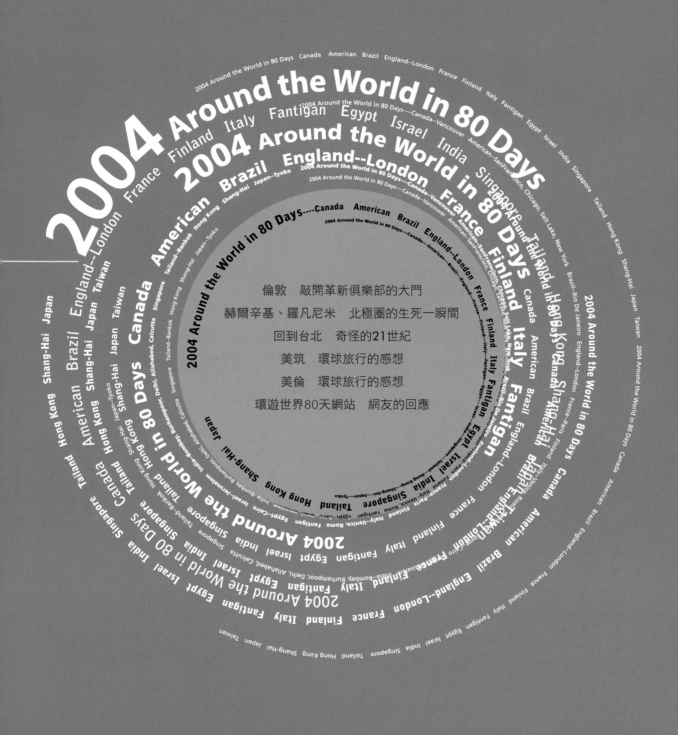

倫敦　敲開革新俱樂部的大門

倫敦，我們回來了！→2004年3月8日 →還剩2天

　　繞了地球一圈，我們現在回到了夢想的起點——革新俱樂部。現在是2004年3月10日 下午4:00整，距離我們上次從這裡出發，整整過了80天，1920個小時。

　　在終點沒有盛大的歡迎，也沒有牌友等著打賭的結果。甚至連剛剛遇到說要來幫我們見證的兩位日本朋友也沒有來。但我和妹妹還是很興奮，因為我們知道，我們已經完成了一個非常重要的階段。在八十天內經歷了世界上各種文化的洗禮，從璀璨文明的歐洲、古老的埃及、伊斯蘭教的世界、橫越印度⋯⋯我們經歷了亞洲多元繽紛文化、美國多種族熔爐文化、熱情奔放南美文化，再回到倫敦。此刻站在這裡的我們，內心的某些部份已經不同。我們不僅完成了夢想，也用實際行動證明了走出去看世界並不難。一路上，走過了許多人一生都可能不會踏上的地方，用我們的方式克服種種困難，終於能兩個人一起走到終點。對我們而言，這是一輩子難忘的體驗。

敲開革新俱樂部的大門

　　出發時有一個小小的遺憾，就是沒辦法進入革新俱樂部。抱著不放棄的心情，我們再度叩門。

　　原本俱樂部的人還是拒人於千里之外。但當我們提起我們剛完成「環遊世界80天」之旅時，革新俱樂部的經理麥可驚訝得瞪大了眼睛，不敢相信眼前這兩個台灣女生竟然完成了這項挑戰。他一個一個檢視我們地圖上各國朋友的簽名，流露出羨慕與欽佩的神色。我們也順勢請他幫我們簽名，留下紀念。

　　考慮幾秒鐘，他表示願意破例讓我們參觀俱樂部。但礙於嚴格的規定（非會員不得進入），所以他希望我們可以在星期天上午較冷門的時段來，屆時他將安排專人，為我們導覽。看來幸運之神真的眷顧我們，連英國BBC等媒體和全世界書迷都無法敲開的一道門，竟然為我們打開了。

　　星期天一早，我們準時赴約。為我們導覽的是幽默風趣的工作人員傑夫。從大廳、圖書室、交誼廳、餐廳、棋牌室、撞球間、臥房，甚至到連會員們都看不到的秘密通道、僕人電梯、龐大的地下室廚房系統等。他都一一帶我們參觀。整個俱樂部採英式的風格，大廳挑高。牆上還裝飾著一幅一幅人像畫，彷彿十九世紀英國的紳士們，就正在此交誼。來到書中費南斯佛格和牌友打賭的棋牌室時，看到旁邊放著一副副惠特斯牌，小說場景就出現在眼前，如假包換，真是太神奇了。來到交誼廳時，傑夫告訴我們，牆上一個不起眼的把手裝置是

倫敦革新俱樂部有間跟《環遊世界80天》故事裡描寫一模一樣──供會員們玩牌消遣的房間。

服務鈴，只要一搖鈴，僕人們就會從書架後面隱藏的秘密通道走出來，恭敬地送上飲料餐點。這一棟三層樓高的建築加上地下室，設計得錯綜複雜，有很多秘密通道和電梯，有些已經封死，有些還在使用。走在裡面就像探險一樣。另外，在俱樂部裡，也收藏了當年榮獲奧斯卡獎的〈環遊世界80天〉電影相關商品，也算是紀念費南斯佛格這位虛擬又傳奇的會員。

　　傑夫介紹說：「19世紀時，加入會員須經過嚴格的審核。而且限定男會員為主。」到今天，俱樂部的規定較為鬆綁，只要能夠繳納會費，並且沒有明顯不良行為者，都可以成為革新俱樂部的會員。女會員也已經活躍在俱樂部中，甚至還有女性的會長。另外俱樂部還有很多活動，像是政治、經濟、媒體、時事的社群或團體常常有些聚餐和演講。喜歡打牌、下棋、打高爾夫的會員也都會定期聚會。雖然會費有點高，但我和妹妹都很有興趣。如果有一天我們經濟能力好了，說不定會加入這個俱樂部呢。

環遊世界80天網站——網友回應

（WWW.AROUNDWORLD80.COM）

4. 大成（CHENG）　（2003/12/15 10:22:45）

送給妳們二姊妹「信心」，讓妳們能面對挑戰；送給妳們二姊妹「勇氣」，讓妳們不怕困難；送給妳們兩姊妹「幸福」，讓妳們不會感到孤獨；最後,再送給妳們二姊妹「快樂」，讓妳們能天天開心,快樂無比！

2. Zorg　（2003/12/15 08:10:33）

一個周遊世界各地的旅行家

必定是一個自然而然的人類學家

因為她透過多樣文化的比較

更能找到人類多元文化的共同性

也更能掌握單一文化的豐富變化

真是另人興奮的一趟旅程

全人類至今用那麼短的時間走那麼多國家的

大概不用雙手就數完了

環遊世界80天之行順利完成～

12. Ivy　（2003/12/16 02:56:24）

Dear rita&fiona:

深為你們的執著和勇氣感到驕傲,

已經踏出最艱難的第一步,我相信其他

對你們已不是大問題了

成功是屬於你們的,好好的享受

這一趟旅程吧!雖然會很辛苦,但它

會是你們最美麗的回憶!

在這裡我會很用力的為你們加油並
給你們信心

41. 哥哥　(2003/12/21 02:56:51)
沒記錯的話
今天應該是你們啟程的日子吧
在台灣的大家
都在引頸期盼你們的第一集推出喔
可給我爭氣一點
別淨寫一些 烏龜背著殼慢慢爬...之類的
加油喔

91. Joe　(2003/12/28 04:17:34)
Hello, Fiona Rita
i hope you still remeber me. we met at museum Louvre, but it was closed. so sad! but i visited it two days later. and you??
i admire you two have the courage, and envy you have the chance. i wish you accomplish this travel with full of fun!!! ^_^

145. ㄚ肯　(2004/01/08 02:38:42)
加油!!..^.^..我們支持妳們!!
看到妳們兩姊妹正在認真的實現自己的夢想時..
真是由心的佩服佩服!!還是一句大聲"加油!!"
何時回到台灣要辦聚會？我一定去給你們放鞭炮慶祝!!..
對了～既然妳們周遊世界各國，那請記得多多宣揚台灣文化..順便盡一下國民義務吧
～～*...^^a加油加油愛妳們O....

161. 關心　(2004/01/12 06:22:59)
據說你們要去以色列的屯墾區
注意一下以下資訊
安全第一
超過十萬名的以色列人示威，抗議政府打算撤出屯墾區的計劃。

外電報導指出，示威者聚集在特拉維夫市政大樓及魯賓廣場前，高舉抗議標語。示威者同時也將附近街道擠得水洩不通。部份以色列內閣官員也出面批評政府的政策，並揚言，只要開始撤離屯墾區，就退出執政聯盟。以色列警方估計，示威人數約有十二萬人。

群眾示威的同時，以色列總理夏隆正在一百五十公里外的耶路撒冷，重申，根據中東和平路線圖，以色列不能再保有屯墾區。但如果中東和談失敗，以色列也只有片面採取行動。

202. H. （2004/01/22 07:57:44）

「或許我們生命中所有的公主都是暴龍，她們只是等在前頭看著我們華美而勇敢地行動一次。」

——德國詩人克里爾

她們真的出發了!!

一直到我寫了兩百多個留言,我還真不敢相信……雖說這旅行本身從一開始就是一趟奇妙的發現之旅,截至現在為止,我還是不敢相信…

從1993年開始,我每年都會跟小筑子拜年,今年我還是一如往常地拿起電話,當撥起06時,這才意識到小筑子已經逐夢去了…

Brave New Girls,Brand New World!!

希望大家在支持/鼓勵/羨慕/嫉妒小筑子姊妹的同時,

也能實現自個兒的夢想!!

hAppY ChINeSe nEW yEAR!!

聲話人H.君

234. autumn 相遇阿格拉紅堡 （2004/02/06 00:45:51）

與你們相遇在印度,興奮了好幾晚……只因為遇見了很多和我們一樣為自己夢想理想而努力的人

你們的夢想很美,我也知道你們姊妹兩一定能更愉快的實現...

加油囉……Keep walking

286. Niny （2004/03/02 04:22:30）

wutz up?!

this is niny!~

i hope u guys had fun in ny~ ＾＾

招待不周 sorrie~~

stay here longer next time!!

good luck on the trip!!

really nice to meet you guys!!

好厲害的sisters!!

324. azure （2004/03/25 01:06:16）
恭喜妳們完成這項壯舉,
讓我們知道了,
勇敢去做,夢想就會實現!!
再次恭喜妳們!!!

332. 玲姐 （2004/04/01 03:51:45）
倆位環遊世界80天完成夢想的姐妹,你好
還記得在巴黎羅浮宮金字塔前的相遇嗎?
答對了,我是和你們拿著國旗一同見證你
們夢想的一員,上了網站,看你們已快完
成環遊世界80天的壯舉真心替你們感到
高興,如此,這80天必將是你們一生中最
美麗最難忘的回憶,祝福你們

338. rita&fiona （2004/04/05 08:35:08）
回來囉～～～～～
謝謝大家ㄉ關心和鼓勵
我們在昨天正式ㄉ完成ㄉ整個旅程
平安順利ㄉ回到ㄉ台灣囉～～～
回到台灣ㄉ心情真是無法用言語來形容～～
祇能説我高興到眼淚都快飆出來並且想趴下來親吻中正機場ㄉ地板而已～～～

再來如果網友們有任何問題可以盡量提出來～～
我們有空ㄉ話會努力ㄉ回覆ㄉ
謝謝拉

圓夢工具篇

善用網路與科技工具

善用網路與科技工具

　　這次的旅行，在事前準備與挑選要帶出國的數位產品上面，我們花了很多時間在比較各種廠牌機型並且跟旅遊前輩請教。首先是選擇要帶出國的NOTEBOOK，當初考慮要帶哪一型哪一款出去時，第一要素是要夠輕！最後挑了ACER 的 TravelMate 370（1.7kg）與 TravelMate C110（1.45kg）選擇這兩款，是看上它們輕巧的外型與超強功能。它的Centrino無線上網技術讓我們在國外旅行中可以隨時與網路接軌，像是在機場轉機時，只要上線購買點數就可以輕鬆接收最新資訊，上網看留言與查資料，真的是超方便！

　　TravelMate C110尤其受到國外朋友的喜愛，它的平板操作介面很人性化，螢幕可180度旋轉，跟國外朋友分享我們電腦中的圖檔時常會讓她們大大驚艷，台灣的科技產品竟然這麼先進與人性化！還有外國朋友直呼要來台灣買電腦！

　　除了無線上網之外，我們帶去的電腦還可以當作我們的隨身秘書，由於兩台都輕薄小巧，所以幾乎是可以隨身攜帶，隨時紀錄旅行中的心情點滴，大小事備忘，順便儲存當天所拍到的數位影像，實在是大大的增加了我們旅途中的樂趣與便利。

　　電腦之外，數位像機也是在多方詢問旅遊前輩與攝影同好，加上數位產品展殺進殺出比價比功能之後，決定要帶兩台數位相機。一台是原本就有的FUJI-F410與另外添購一台NIKON- COOLPIX5400，記憶卡則是各帶

256MB的FUJI一張與NIKON兩張，

　　平均一張卡可拍到一百多張，還算夠用。這兩台是各有千秋，FUJI-F410以輕薄短小著稱，在拍人物時尤其好用，因為小小一台對著人拍時，不容易產生抗拒感，可以輕易拍到人物的神韻，而不被毆打。另外一台NIKON- COOLPIX5400有著4倍光學變焦，28mm大廣角，在拍攝風景時非常好用，而且對新手來說有15種好用的情境模式，更是容易上手的設計，所以有了這兩台數位相機，我們是一路拍拍拍，拍得不亦樂乎！

　　除了數位相機，我們還帶的一台SONY的DV，所以在靜止畫面之外，我們也留下許多生動活潑的影像回憶。所以整趟旅程有了這些數位器材相伴更顯得多采多姿，而且省了不少底片錢，這都是拜現代科技進步所賜。我跟姊姊常常邊拍邊討論，還好我們帶的是數位相機，不然回來光是洗相片恐怕就要花很大一筆錢呢！

如何花小錢圓大夢

　　這次的旅行所得來的省錢經驗，讓我們深深感受到，其實不用花大錢也可以玩得很過癮！整個行程下來，我們兩個人大約只花了六十萬新台幣就搞定，是怎麼辦到的？我們把這次旅行的經驗分成食、衣、住、行、玩樂、資訊來解說好了：

　　食：國外的食物不見得不好吃，可是在歐洲國家，貴死人的物價，總是讓我們要上館子時一算再算，深怕多點了什麼就得留下來洗盤子，所以沒有帶著大把銀子出國的人，可以跟我們一樣，吃的很好又不用花大錢，那就是「自己煮」。我們每到一個地方，找YH或B&B時，都盡量找有廚房的住宿，還有先探聽好哪裡有超市，這樣一來一天三餐都自己準備，早餐吃

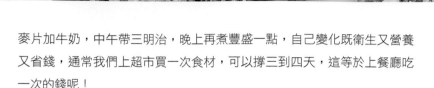

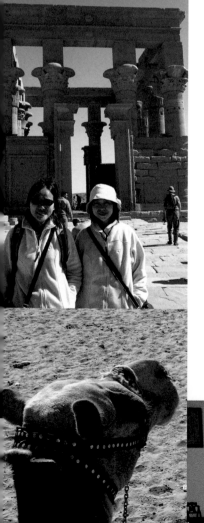

麥片加牛奶，中午帶三明治，晚上再煮豐盛一點，自己變化既衛生又營養又省錢，通常我們上超市買一次食材，可以撐三到四天，這等於上餐廳吃一次的錢呢！

　　衣：這個方法不是教你省錢，而是教你空間換空間的小秘方。我們這次帶的衣服儘量以精簡為主，但是還是有先帶一些國內不太常穿或是已經準備丟到舊衣回收桶的衣服，邊玩邊丟，多出來的空間就可以放一路上的戰利品或是剛好遇上當地的折扣季時可添購新衣，一舉兩得喔！

　　我們這次帶的保暖衣物也是超實用的，讓我們就算在冰天雪地的北極圈也不覺得冷。如果要到寒帶地區，保暖衣物一定要帶夠，這裡我要推薦一個網站，有需要的人可以上去看看。

露營用品與旅行裝備

http://www.aroundworld80.com/JackWolf.htm

　　住：找旅館時，有時候需要的不只是運氣，還有耐心跟貨比三家不吃虧的毅力。如果在國內，可以先上網訂房，這是比較保險的做法，而且有些網站上網訂房有折扣。如果在國內沒有時間，到了當地我們通常都是跟車站或機場的Information Center問一堆問題，包括住哪最方便最便宜，然後請他給我們旅館的相關資料，熱心一點的櫃檯人員還會幫你打電話去訂房喔！如果沒有也沒關係，有資料就好辦事，我們在芬蘭就是靠著Information Center給我們的旅館名單一家一家打去問，比來比去的結果讓我們找到一家設備不錯又風景超棒的冰上渡假小木屋，而且很多地方住兩天以上都可以跟他要求打折，千萬別心軟啊！

　　這邊附上幾個可以線上訂房的網址，有些是大學宿舍在寒暑假會出

租，價格當然也是超便宜。

很棒的國外背包客網站，可以線上訂房找便宜住宿！

http://www.backpackers.com/

全旅館——全球線上訂旅館　http://www.all-hotels.com/

國際青年之家　http://www.hihostels.com/openHome.sma

行：目前環球機票中比較有名的就屬星空聯盟跟寰宇一家，我們這次使用的就是星空聯盟的39,000英哩的環球機票，機票費用每張108,000元(費用會隨著外匯波動)。便宜的環球機票讓很多人都能輕易的完成環遊世界的夢想，它的概念就是結合數十家的航空公司，在一定的里程數內，你可以自由安排想去的國家跟停點，不論是往東飛或往西飛，只要是順著一個方向都可以，並且在一年內使用完。這種環球機票真的幫我們省下了一大筆的錢，因為如果我們把要去的地方機票拆開來買，費用絕對是這種機票的二～三倍以上，所以有心從事環球旅行的同好們千萬不要錯過這種超省錢的機票喔！這邊有星空聯盟跟寰宇一家的網站給大家參考。

星空聯盟的網站：

http://www.edward-lee.com/air/staralliance5.html（中文介紹）

http://www.staralliance.com/（英文）

寰宇一家

http://www.edward-lee.com/air/oneworld5.html（中文介紹）

http://www.oneworld.com/（英文）

這是另外可以訂機票的網站：

英國easyjet航空，機票超便宜，特別是離峰時段。

http://www.easyjet.com/en/book/index.asp

這一家線上訂票也超便宜喔！

http://www.priceline.com.hk/chi/default.asp

　　除了天上飛的飛機，陸上跑的火車也是我們旅行中的必要交通工具，千萬不要冷落它。在歐陸跑過的旅遊老前輩們都大力跟我們推薦，如果時間長、地點多、坐火車的機會多的話，就要買歐陸火車聯票。它有多種分類，有單國火車通行證、多國火車通行證、高級列車（EURO-STAR），各種車又依年齡、艙等、使用期限、國別作區分，有興趣的人不妨上網研究。PS. 如果你的年紀在26歲以下，還可以買青年票，火車票錢可以省很多。

　　金展旅行社　　http://www.goldtravel.com.tw/

　　飛達旅行社　　http://www.gofederal.com.tw/

　　直接上Europass訂票，網站有非常詳細的票價喔！

　　http://www.train-ticket.net/europe/railpass/europass/adult.htm

　　另外在美洲還可以搭AMTRAK橫越美國，從西岸橫跨到東岸，只要是Amtrak火車行經之處，就可以無限制的上下車。只要購買全美國鐵票（National Rail Pass）它的票價除了有分年齡、效期、還分淡旺季，線上訂票還可享5%的折扣！

　　Amtrak網站http://www.amtrak.com/

　　玩樂：每個地方都有很多不同的玩法，就看你有興趣的是哪一部分。有一種CITY-TOUR或ONE DAY TOUR是在旅館大廳就可以得到的資訊，只要你到旅館時跟櫃檯人員詢問大都會有相關的資料。這種行程通常都滿便宜的，不僅可以玩到「重點」，還可以省去自己找路的麻煩。如果不愛跟團的感覺，可以自己利用當地的地鐵來玩更盡興。現在各個國家的地鐵其實都

很方便,只要拿著地鐵圖(車站都有)就可以在城市裡暢行無阻,有的地鐵圖甚至會附上地鐵站附近的景點(像英國倫敦就是),讓你不會玩都不行。

　　資訊:出國前的準備相信是很多人想起來就一個頭兩個大的事,我們也是。所以把我們出國前找資料用的網站都貢獻出來,希望對想出國的朋友有點幫助。

旅遊資訊網站

易飛網　http://www.ezfly.com/

易遊網　http://www.eztravel.com.tw/

足跡　http://www.zuji.com.tw/

Mook自遊自在旅行網　http://travel.mook.com.tw/

背包客棧-自助旅行入門網喔～

http://www.backpackers.com.tw/forum/portal.php

寂寞星球-背包客們奉為聖經的旅遊指南～

http://www.lonelyplanet.com/

簽證辦理相關資訊網站

外交部　http://www.mofa.gov.tw/

台北簽證中心　http://www.tpevisa.com.tw/

駐外單位緊急聯絡專線,還有附地圖喔!

http://www.boca.gov.tw/~boca3007/foreign/index.htm

其他網站

預防接種

衛生署疾管局-要出國前記得上來看看需不需要打預防疫苗!
http://www.cdc.gov.tw/ch/

各家航空公司國內辦事處一覽表
http://www.anyway.com.tw/resource/airplane.htm

全球各地溫度查詢-中央氣象局全球資訊網
http://www.cwb.gov.tw/V4/index.htm

V1492旅行閱讀俱樂部　http://www.v1492.org/index.jsp

時差對照表　http://www.travelclub.com.tw/info/timezone.htm

世界地圖　http://www.hkba-travel.org/travel_tools/tools_map.htm

常用匯率換算表　http://tw.stock.yahoo.com/d/c/ex.php

如何選購筆記型電腦　http://www.acer.com.tw/

如何在國外上網
http://www.intel.com/cd/corporate/home/apac/zht/84295.htm

旅行支票

美國運通旅行支票
http://www24.americanexpress.com/taiwan/

通濟隆旅行支票　http://www.thomascook.com/redirect/

感謝Thanks for your help！

夢想互助團體全體會員及友好會員

大塊文化出版全體同仁

飛狼露營旅遊用品有限公司

宏碁電腦

美商英特爾公司台灣分公司

台豪旅行社全體同仁

V1492旅行閱讀俱樂部

三芯實業股份有限公司

飛天獅文史工作室　慈仁德姐

駐台拉維夫台北經濟文化辦事處　鄧申生代表

駐台拉維夫台北經濟文化辦事處　趙瑞先生

立委羅文嘉辦公室

媽媽吳素珠、哥哥陳心畬、大舅吳清風、Belle、碧雲、映文、
新加坡陳媽媽、Victor & Ellen、扁兒&小毛、Matias Roune、
Uda、黃兆元、蘇施尤、黃蕙雯、楊晉華、楊曉雲、徐君川、
黃哲上、曾渼淑、賴健文、葉意通、陳人豪、Johnny Chao、
修曉慧、依純、蘇秀娟、維哲、包清宏、何泰冀、謝尚霖&Niny、
謝惠娟、鈴木智文&今野伊織、高仰德&邱素惠、梁學渡、林怡伶、
王明霞、何泰冀、李厚植、梁鴻彬、李英鳳、袁秀蕙、丁瑀人、
蔡世鏗、陳安琪、袁棟、蔡佳容、H、吳春慧、林蕙娟、
善印先生、Kumar
夢想互助團體成員：洪兆懿、王功誠、李祝華、鮑尚緯、
盧顯中、陳盛雄、徐先梅、張健成、李資敏、劉光華
此外，感謝所有未及刊載而且默默幫助我們的朋友！

國家圖書館出版品預行編目資料

兩位台灣女生的新環遊世界80天／陳美筑文；
陳美倫圖.－－初版.－－臺北市：大
塊文化，2004【民93】
面； 公分.－－(catch；75)

ISBN 986-7600-57-6(平裝)

1.世界地理 - 描述與遊記

719.85　　　　　　93010176

大塊文化出版股份有限公司　收

地址：□□□ ＿＿＿＿＿＿市／縣＿＿＿＿＿鄉／鎮／市／區
　　　＿＿＿＿＿路／街＿＿＿段＿＿巷＿＿弄＿＿號＿＿樓

姓名：

大塊
LOCUS
文化

編號：CA075　書名：兩位台灣女生的新環遊世界80天

 **讀者回函卡**

謝謝您購買這本書，為了加強對您的服務，請您詳細填寫本卡各欄，寄回大塊出版（免附回郵）即可不定期收到本公司最新的出版資訊。

姓名：_____**身分證字號：**_____

住址：_____

聯絡電話：(O)_____ (H)_____

出生日期：_____年_____月_____日 E-mail:_____

學歷：1.□高中及高中以下　2.□專科與大學　3.□研究所以上

職業：1.□學生　2.□資訊業　3.□工　4.□商　5.□服務業　6.□軍警公教　7.□自由業及專業　8.□其他

從何處得知本書：1.□逛書店　2.□報紙廣告　3.□雜誌廣告　4.□新聞報導　5.□親友介紹　6.□公車廣告　7.□廣播節目8.□書訊　9.□廣告信函　10.□其他

您購買過我們那些系列的書：
1.□Touch系列　2.□Mark系列　3.□Smile系列　4.□Catch系列　5.□幾米系列
6.□from系列　7.□to系列　7.□home系列　7.□home系列

閱讀嗜好：
1.□財經　2.□企管　3.□心理　4.□勵志　5.□社會人文　6.□自然科學　7.□傳記
8.□音樂藝術　9.□文學　10.□保健　11.□漫畫　12.□其他

對我們的建議：_____

_____

_____

_____

LOCUS

LOCUS

LOCUS

LOCUS